༄༅། །སྤྱན་རས་གཟིགས་ཀྱི་སྙིང་པོ་ནི།

觀音心咒

ཨོཾ་ མ་ ཎི་ པ་ དྨེ་ ཧཱུྃ།

嗡　瑪　尼　貝　美　吽

勤唸此咒可護持自心，解脫痛苦

苦才是人生

——索達吉堪布教你從痛苦中守住自己的內心

索達吉堪布 著

如果能利益眾生，哪怕只有一個人，
想辦法讓他生起一顆善心，
我們千百萬劫做他的僕人也可以。

快樂，表面上讓人喜歡，但依此或許會沉迷墮落；
痛苦，表面上讓人害怕，但依此或許可感悟人生。

認識人生之苦，才能找到幸福

倘若將人的一生分成十分，不稱心之時會占幾分呢？古人說，占八九分。如曾國藩言：「人生不如意，十有八九。」

佛陀也常常提醒我們：人生皆苦。且不論生、老、病、死都是苦，單單在日常生活中，就難免愛別離苦、怨憎會苦、求不得苦。

或許有人不以為然：「明明人生還有很多樂趣可言，又何必誇大痛苦，緊盯著痛苦不放？」

其實，佛教中之所以說「苦」，並不是不承認生活中的一些快樂。但這些快樂往往稍縱即逝，只是偶爾的「點綴」，卻不是人生的「底色」。

在我們的人生中，唯一不變的，就是什麼都在變。位高權重的，會一落千丈；生死相許的，會勢同水火；闔家歡聚的，會曲終人散；壽比南山的，會撒手人寰。所以，一切的美好都難逃變化，變化就會帶來痛苦，這才是「人生皆苦」的真諦。

懂得人生皆苦，實際上，對每個人來講至關重要。假如你一直看不清這個世界的真相，認為它應該充滿快樂，一味地蒙蔽自己，以「苦」為「樂」，那永遠也離不開痛苦。而只有認識痛苦、正視痛苦，才是邁向快樂的第一步。

當年，釋迦牟尼佛也正是看到了老、病、死之苦，才開始思考怎麼樣根除痛苦，並為此嘗盡各種方法，最終找到了通往解脫的光明之路。所以，不要逃避痛苦，不要懼怕痛苦，沒有大自然的風霜雨雪，就不會有萬物的春華秋實。

有些人只喜歡追求一帆風順，卻不願面對任何苦難，這樣的期望不太現實。人生在世，風風雨雨總是難免，磕磕絆絆也是尋常。所以，人活著就是一場修行，不論世事多麼複雜、生活多麼難忍，都要學會為自己開個「藥方」。

如今，世人多為各種痛苦所逼，究其根本，主要是源於對利他的漠視，對無常的無知，對死亡的毫無準備。多數人認為，利他讓自己無利可圖，卻不知利他恰恰是最大的利己；他們以為，了知無常會讓自己喪失追求的動力，卻不知它只會讓自己的人生更顯燦爛；他們整日惦記著，要為自己買醫療保險、養老保險，卻偏偏忽略了為來世的快樂買一份保險。

這本《苦才是人生》，也許會讓你重新思考一下自己的人生。我雖不敢奢望它能成為包治心靈百病的妙藥，但希望在這個紛繁的時代中，能為你炙熱難耐的心送去一絲清涼！

索達吉

藏曆水龍年四月初八

釋迦牟尼佛誕生之吉祥日

二〇一二年年五月二十九日

要想除掉曠野中的雜草，
最好的辦法就是在上面種莊稼。
要想遣除內心的苦惱，
唯一的方法就是用利他的美德去占據它。

目次

02

佛是這樣為人處事的

不責備別人的小錯；不揭發別人的隱私；不惦念以前的嫌隙，這三者不僅可以培養德行，還能讓自己遠離禍害。

03

得之我幸，不得我命　113

被眾人恭敬、名利雙收時，沒必要心生傲慢，因為這個會過去的；窮困潦倒、山窮水盡時，也不必痛苦絕望，因為這個也會過去的。

04

感恩逆境 139

愚鈍懦弱的人，在遭受坎坷時，總是叫苦不迭、怨天尤人。而有智慧的人，遇到逆境時臨危不懼、毫不軟弱，完全可以憑智慧來保護自己。

05

在說話中修禪 167

一個人所說的語言、身體的行為，實際上都是心靈的外現。
有什麼樣的心靈，就會有什麼樣的語言和行為。

08

為什麼我們的日子過得那麼難 219

幸福的根本，並不在於你擁有了多少金錢，而在於你減輕了多少欲望。

01

人怎麼活才能不痛苦

苦難，到底是財富還是屈辱？
當你戰勝了苦難，它就是你的財富；當苦難戰勝了你，
它就是你的屈辱。

偉大和渺小，只有一念之隔

俗話說：「尺有所短，寸有所長。」再偉大的人也有自己的短處，再渺小的人也有自己的優點。所以，不必拿別人的優勢，來和自己的短處比。你的長處，或許是他人永遠也無法比擬的！

很多人總是貪執自己的目標，達不到時就會去羡慕他人，過去叫「榜樣」，今天叫「偶像」，覺得別人比自己完美，總想成為別人。

就像莊子的《秋水篇》中所說：一隻腳的夔，非常羨慕多腳的蚿能夠行走；蚿，又羨慕沒有腳的蛇跑得很快；蛇，羨慕沒有形體的風行得更快；風，羨慕人的目光特別快；目光，又極為羨慕心的快速，心一轉念就到了。佛經中也說：「一切當中，心是最快的。」

還有一則寓言，也闡述了這個道理：

有隻小老鼠，覺得自己太渺小了，特別希求最偉大的東西。

有一次，牠抬頭一看，天空廣闊無垠，就覺得天是最偉大的，於是對天說：「你是不是什麼都不怕？我這麼渺小，你能給我勇氣嗎？」

天告訴牠：「我也有怕的，我最害怕烏雲。因為烏雲能遮天蔽日，它遮住我的面容時，我什麼都看不見了。」

小老鼠覺得烏雲更了不起，就去找烏雲：「你能遮天蔽日，應該是最偉大的。」烏雲說：「我也有怕的，我最怕狂風。好不容易把天遮得密密的，大風一吹，就把我吹散了。」

小老鼠又跑去找風。風說：「我也有怕的，我最怕牆。地上有堵牆的話，我根本繞不過去，所以牆比我厲害。」

小老鼠就跑去找牆：「你連風都擋得了，你是不是最偉大的？」

牆說了一句令牠非常驚詫的話：「我最怕的就是老鼠。因為老鼠會在我的下面鑽洞，總有一天，我會因若干個鼠洞而轟然倒塌。」

這時候，小老鼠恍然大悟：找來找去，整個世界都找遍了，原來，最偉大的就是自己。

這則寓言說明了什麼？每個人都有自己的長處，不能因為看到別人好，就覺得自己一無是處。俗話說：「尺有所短，寸有所長。」再偉大的人也有自己的短處，再渺小的人也有自己的優點。

所以，不必拿別人的優勢，來和自己的短處比。你的長處，或許是他人永遠也無法比擬的！

追求錯了，當然痛苦

「人的奇怪之處真是太多了：急於成長，然後又哀歎失去的童年；以健康換取金錢，不久後又用金錢恢復健康；活著時認為死離自己很遠，臨死前又彷彿從未活夠；明明對未來焦慮不已，卻又無視眼下的幸福。」

天地之間，一切都在變化，身體、財富、名聲、親眷等皆為無常，生不帶來、死不帶去，唯有自己的心才與自己生死相隨。

從前，有個商人娶了四個妻子：四夫人最得丈夫寵愛，丈夫對她言聽計從；三夫人是經過一番辛苦追求才得到的，所以丈夫常帶在身邊，甜言蜜語；二夫人與丈夫天天見面，猶如一個推心置腹的朋友；大夫人像個女僕，毫無怨言地任由使喚，但在丈夫心目中沒有地位。

一天，丈夫要遠行，問四個妻子誰願意跟他去。

四夫人說：「不論你怎麼疼我，我都不想陪你去。」

三夫人回答：「連你最愛的四夫人都不願去，我為什麼陪你去？」

二夫人說：「我可以送你到城外，但不想陪你去那麼遠的地方。」

只有大夫人說：「不管你去哪裡、走多遠，我都會陪著你！」

這個故事是什麼意思呢？

其實，最寵愛的四夫人，代表我們的「身體」。人活著的時候，對這個身體最為重視，可是死了以後，它卻沒有辦法跟隨自己。

三夫人代表我們的「財富」，不論多麼辛苦積累起來，死時一分一釐都不能帶走。

二夫人代表世間的「親友」，他們最多在我們死時哭泣，把我們的屍體掩埋。

大夫人則代表我們的「心」，它和我們的關係最密切，但也最容易被忽略，反而將精力全部投注於身外之物上。

所以，有智者說：「人的奇怪之處真是太多了：急於成長，然後又哀歎失去的童年；以健康換取金錢，不久後又用金錢恢復健康；活著時認為死離自己很遠，臨死前又彷彿從未活夠；明明對未來焦慮不已，卻又無視眼下的幸福。」

一個人若能懂得萬法無常，緣合則聚、緣滅則散，現在所擁有的一切，就會顯得尤為燦爛；對世間的名利，不會瘋狂去追逐，就算遭遇到不幸，也不會感到一片絕望。

熟悉無常，接受無常，可以讓我們身心開闊，遇到任何困難，都不會斤斤計較、怨天尤人。

樂觀、悲觀，一念之間

面對同樣的半杯水，悲觀者會傷心於杯子一半是空的，而樂觀者會滿足於杯子一半是滿的。面對同樣的一朵玫瑰，悲觀者會哀歎花下有刺，而樂觀者會讚歎刺上有花。

前不久，一位居士打電話跟我說：「堪布，我最近一直感覺情緒低落，十分悲觀，所以想換個好點的環境，可能對調整我的情緒會有幫助。」

聽了他的話，我想起了一個故事：

一位父親為自己的兩個兒子，分別起名叫樂觀、悲觀。

這兩個孩子從小在同一環境中長大，卻擁有兩種不同的性格：樂觀不論遭遇何種艱難，都活得十分快樂；悲觀就算一帆風順，也時刻心緒沉重。

父親因給兒子起名不公，深深感到自責。為了補償悲觀，他將樂觀放在一堆牛糞中，而將悲觀放在一堆珍寶玩具中。

過了一段時間，父親去觀察他們兩個。出乎意料的是，樂觀在牛糞中玩得十分開心，他告訴父親：「既然您讓我在這裡，牛糞中就一定有什麼寶貝，我正在想辦法把它找出來。」

令父親大失所望的是，可憐的悲觀仍傷心地坐在一堆珍寶中，很多玩具因為他的憤懣而被摔壞。

父親終於明白了：想扭轉人的情緒，依靠外境是於事無補的。要從悲觀轉為樂觀，只有調整自己的內心。

其實，整個世界，全部是我們心的顯現。心態不同的話，即便是對同一事物，看法也會有天壤之別：

面對同樣的半杯水，悲觀者會傷心於杯子一半是空的，而樂觀者會滿足於杯子一半是滿的。

面對同樣的一朵玫瑰，悲觀者會哀歎花下有刺，而樂觀者會讚歎刺上有花。

可見，一個人的人生是苦是樂，並不是由外境決定的。哲學家愛默生也說：「生活的樂趣，取決於生活者本身，而不是取決於工作或地點。」

在我們的人生中，不如意事十有八九。如果不能正視這些痛苦，一味地怨天尤人，總想改變外境來讓自己快樂，這無疑是不現實的。

所以，我們不論身處什麼環境、不論遇到什麼挫折，與其一味地抱怨外境，倒不如靜下來調伏自心。因為，這比什麼都管用！

苦樂皆由心造

有一位皇帝，在流亡途中，偶爾嘗得一種豆腐，感覺如天界甘露。流亡之後他回到皇宮，令御廚仿製，卻怎麼也做不出當時的美味了。

前不久，與一位十分投緣的朋友一起聊天，從佛法到人生，從分前別後到大江南北，可謂包羅萬象、無所不談。

不知不覺，午飯的時間到了，有人送來了麵條。一看湯色，便令人垂涎欲滴；一品味道，更令人叫絕。世人說：「酒逢知己千杯少。」沒想到，遇到好朋友，連麵條也變得可口起來。心的力量真是不可思議。

記得在我幾歲時，一次，父親帶我去爐霍，途經真都小鎮，在鎮上一間破爛不堪的小麵館，吃了一碗麵。實在是太好吃了！

如今幾十年過去了，在那以後，我品嘗了許多公認的世間美味，卻再也找不到那碗麵的滋味了。

其實我也清楚，一碗小鎮上的麵，不可能有什麼與眾不同的味道，一切皆由心情所致。當時也許是因為難得出門，興致很高，或者是因為在那個年代，實在沒有什麼美味可嘗。

記得古代有一位皇帝，在流亡途中，偶爾嘗得一種豆腐，感覺如天界甘露。流亡之後他回到皇宮，令御廚仿製，卻怎麼也做不出當時的美味。僅僅因為對豆腐美味的強烈貪執，便導致眾多廚師平白蒙冤、身首異處，如果那位皇帝知道「境由心造」之理，也不至於屠殺無辜了。

然而，世間又有幾人能明白呢？

現在很多人特別忙碌，腳下的步伐越來越快。
然而，假如方向錯了，速度越快，越會南轅北轍，
與期望的結果越來越遠。

別人的肩膀靠不住

古人說：「秀才不怕衣衫破，就怕肚裡沒有貨。」只要有真才實學，去哪裡都能闖出一片天。否則，處處依賴他人的話，「靠山山會倒，靠河河會乾」，到了最後，什麼都是靠不住的。

一個人，如果常常依靠他人的扶持才能衣食無憂、飛黃騰達，這種美景必然不會長久。比如，世間的有些人，靠父母的地位而謀得一官半職。但父母不可能跟自己一輩子，終有一天會撒手西去；更何況，父母的地位也不是恆常的，怎麼可能成為永久的依靠呢？

從前，有兩隻天鵝和一隻烏龜，共同生活在一個愜意的水池裡。一年夏季，久旱不雨，眼看水池即將乾涸，三個夥伴愁眉不展，急得團團轉。

兩隻天鵝商量：「我們不能在此等死，應該飛往遠方的湖泊。」烏龜聽後，怒容滿面，責罵天鵝無情無義。

天鵝說：「我們有翅膀能飛，你不能飛，又有什麼辦法呢？」

烏龜靈機一動，說：「你倆口銜木棒各居一端，我口含木棒中間，這樣就能跟你們一起飛了。」

兩隻天鵝覺得有道理，點頭同意。於是，牠們用木棒帶著烏龜，飛往遠方的湖泊。

當牠們飛到一個村莊上空時，被幾個頑童看見了，覺得非常有趣，便拍手大喊：「天鵝天鵝真聰明，帶著烏龜天上飛……」

此時，烏龜感到萬分委屈，心想：「這個飛行的主意，是我烏龜想出來的，怎麼歸功於天鵝呢？」雖然烏龜心懷不滿，卻不敢張口分辯，只好忍氣吞聲，隨著天鵝繼續飛。

到了另一個村莊上空，牠們又被一群小孩看見，歡蹦亂跳地追著邊跳邊喊，稱讚天鵝聰明。烏龜聽了，再也按捺不住心中的不平，不顧一切地張口大喊：「這個聰明的主意，是我烏龜想出來的！」

隨著喊聲，牠飛落直下，「啪」地一聲摔死在地上。

依靠他人生存的人，就如同這隻烏龜一樣，終究是要遭殃的。所以，任何人都應自立自主，努力提高自己各方面的能力。古人說：「秀才不怕衣衫破，就怕肚裡沒有貨。」只要有真才實學，去哪裡都能闖出一片天。否則，處處依賴他人的話，「靠山山會倒，靠河河會乾」，到了最後，什麼都是靠不住的。

「人家幫我，永誌不忘；我幫人家，莫記心上」

「人家幫我，永誌不忘；我幫人家，莫記心上。」

「一隻腳踩扁了紫羅蘭，它卻把香味留在那腳跟上，這就是寬恕。」

大乘佛教只講報恩，不講報怨。一般人做不到的話，也應盡量少一點報怨，多一點報恩。

他人若對自己有恩惠，要時時想著「滴水之恩，當湧泉相報」。正如著名數學家華羅庚所說：「人家幫我，永誌不忘；我幫人家，莫記心上。」而他人與我有仇怨，則應盡快忘掉，不要耿耿於懷、記恨在心。

有些心量寬廣的人，對別人的傷害，不但不記恨，反而還會心生感恩。就像美國的羅斯福總統，有一次他家中失竊，被偷了許多東西。一位朋友聞訊後，忙寫信安慰他。

羅斯福在回信中寫道：「謝謝你的來信，我現在很好，非常感恩：第一，賊偷去的是我的東西，而沒有傷害我的生命；第二，賊只偷去我部分東西，而不是全部；第三，最值得慶幸的是，做賊的是他，而不是我。」

對任何一個人來說，失竊絕對是件不幸的事，而羅斯福卻找出了感恩的三條理由，實在令人嘆服。

這一點，在大乘佛教中也體現得淋漓盡致。古代就有一個故事：

一天傍晚，有個和尚在返寺途中，突然遇上傾盆大雨。雨勢滂沱，看樣子短時間內不會停，和尚見不遠處有一座莊園，就想去借宿一晚，避避風雨。

莊園很大，守門的僕人見是個和尚敲門，問明來意後，冷冷地說：「我家老爺向來與僧道無緣，你最好另做打算。」

和尚懇求道：「雨這麼大，附近又沒有其他人家，還是請你行個方便。」

僕人說：「我不能擅自作主，要進去問問老爺的意思。」僕人入內請示，一會兒出來，說老爺不肯答應。

和尚只好請求在屋簷下暫歇一晚，可是僕人依舊搖頭拒絕。

和尚無奈，便向僕人問明了莊園老爺的名字，然後冒著大雨，全身濕透奔回了寺廟。

三年後，莊園老爺納了個小妾，寵愛有加。小妾想到寺廟上香祈福，老爺便陪她一起出門。到了廟裡，老爺忽然看見自己的名字被寫在一塊顯眼的長生祿位牌上，心中納悶，就向一個小沙彌打聽這是怎麼回事。

小沙彌說：「這是我們住持三年前寫的。有天他冒著大雨回來，說有位施主和他沒有善緣，所以為他寫了這塊長生祿位。住持天天誦經，迴向功德給他，希望能和那位施主解冤結、添些善緣，並讓他早日離苦得樂。至於詳情，我也不是很清楚⋯⋯」

莊園老爺聽了這番話，當下了然，心中既慚愧又不安。後來，他便成了這座寺廟虔誠的功德主，香火終年不絕。

這是一個改造「惡緣」的故事。試問，我們遇到這種情況，會不會這樣做呢？當別人不幫你、甚至傷害你，你還願不願意關心他，用三年時間為他念經加持呢？

所以，在大乘佛教中，對怨敵不但不能報怨，還要想辦法施恩於他。

正如安德魯．馬修斯所說：「一隻腳踩扁了紫羅蘭，它卻把香味留在那腳跟上，這就是寬恕。」

不能戰勝苦難，它就是你的屈辱

「苦難，到底是財富還是屈辱？當你戰勝了苦難，它就是你的財富；當苦難戰勝了你，它就是你的屈辱。」

有些人覺得，苦難是安樂的障礙，因而不願意接受它。這是一種膚淺的看法。實際上，對將苦難轉為動力的人來講，苦難會顯露出功德和利益的一面。

讀過《本生傳》的人都知道，佛陀當初萌生出家之念，正是因為四門出遊見到老、病、死的痛苦，而頓然生起求解脫之心。蓮花色比丘尼也因頻頻受苦，出家後一心修道，終證阿羅漢果。

這樣的例子還有很多，高僧大德無一不是經歷了難忍的磨難，方才獲得大成就。

英國前首相邱吉爾，一次在成功實業家的聚會上，聽到有位富翁訴說童年的苦難經歷，並講道：「苦難，到底是財富還是屈辱？當你戰勝了苦難，它就是你的財富；當苦難戰勝了你，它就是你的屈辱。」

這句話雖然很簡短，卻深深打動了邱吉爾。依靠這種精神的鼓舞，他最終成為英國政界的首腦。

人生需要一些苦難，才能激發自己抵禦逆境的潛力。對堅強的人來講，苦難可以轉為前進的動力，可以成為成功的助緣。否則，沒有絲毫苦難、整天放逸無度的話，這種人生就像大海上沒有載貨的「空船」，往往一場突如其來的「狂風巨浪」，便會輕易把它打翻。

「若欲長久利己者，暫時利他乃訣竅」

用寬恕自己的心來寬恕別人，就沒有交不到的朋友；用責備別人的心來責備自己，如此則會少有過失。

許多人都想保護自己，不願遭受點滴痛苦。但假如真想饒益自己，最好的辦法就是去愛護他人。上師如意寶說過：「若欲長久利己者，暫時利他乃訣竅。」

古時候有個楚莊王，一次在作戰中大獲全勝。為了慶功，楚莊王大宴群臣，還專門讓王妃為每一位有功將士敬酒。到了晚上仍未盡興，於是楚莊王命人點燭夜宴。

忽然，一陣疾風吹過，宴席上的蠟燭都被吹熄了。趁漆黑一片，有個將軍仗著酒興想輕薄王妃。王妃拼命掙脫，順勢扯下了他的帽纓，然後到楚莊王面前告狀，讓國王查看誰沒有帽纓，以找出剛才無禮之人。

那位將軍見此情景，酒一下子全醒了，心驚膽戰地等待處罰。

出人意料的是，楚莊王聽完王妃的訴說，卻大聲宣布：「寡人今日設宴讓大家歡聚，諸位務必要盡歡而散。酒後失態也是人之常情，不足為怪。請大家全部去掉帽纓，盡興飲酒。」並傳命重新熄滅蠟燭，等眾臣都把帽纓取下來後，才點上蠟燭。君臣盡興而散。

後來，楚國與別國發生爭戰，楚莊王帶兵迎戰時被敵軍圍困，眼看就要被生擒活捉。正在這千鈞一髮之際，有名大將奮不顧身地衝入敵營過關斬將，勇猛地將楚莊王救了出來。

楚莊王對他特別感激，一問之下，得知此人就是當日那位沒有帽纓的將軍。

楚莊王一時的忍讓寬容，無形中卻救了自己一命。可見，善待別人，就是善待自己。

《格言聯璧》中也說：「以恕己之心恕人，則全交；以責人之心責己，則寡過。」意即用寬恕自己的心來寬恕別人，就沒有交不到的朋友；用責備別人的心來責備自己，如此則會少有過失。

然而，現在很多人不是這樣，他們是「寬」於律己、「嚴」以待人，有錯誤的必定是別人，應善待的必定是自己。這有點顛倒啊！

安忍的智慧

人生的旅程，不會永遠是平坦寬暢、風和日麗，作為善惡業力相雜的人，不可能不遇到一些逆境違緣。現實生活中，許多令人後悔之事的發生，都是因為缺乏安忍的緣故。因此，安忍的智慧對我們來講，顯得尤為重要。

曾有一位叫盡見的大臣，國王給了他五百兩黃金，委派他去買最好的東西。他走了很多國家，一直都沒有買到。

後來，他遇見一個老人在街上喊：「賣智慧，賣智慧！誰要買智慧？」

大臣心想，這個東西我們國家沒有，於是問道：「怎麼賣？」

「五百兩黃金，要先付款。」

大臣交出黃金後，老人字正腔圓地說：「這可是真正的人生智慧，一共十二個字，你務必要記住：緩一緩，再生氣；想一想，再行動。」

大臣聽後，心裡直喊冤枉、後悔不迭，認為五百兩黃金可惜了。他回到家裡，已是深夜。走進臥室，見妻子身旁躺著一個人，不由得氣憤至極，心想：「這個水性楊花的女人，居然敢紅杏出牆，背著我與人通姦！」想到這裡，他氣不過，立即抽出寶劍向妻子刺去。

忽然，他想起了那十二個字，就一邊念一邊仔細察看，結果發現：在妻子身邊躺著的人，竟然是自己的母親。原來，妻子今天生病了，母親是特意來照料她的。

大臣這才醒悟過來，覺得那十二個字，字字珠璣，若不是它的提醒，自己險些釀成大禍，五百兩黃金又豈能與妻子和母親的性命相比！

世人發生一些大事，有時候原因非常簡單，「眼裡揉不下沙子」，或者意氣用事，十分鐘之間就能出現可怕的後果。所以，當我們怒不可遏時，千萬不要在衝動的情況下，做出任何決定和行為。

要知道，嗔心就像夏天的狂風暴雨，驟然出現時，風雲變色，但過一會兒就萬里無雲了。故而，當你產生嚴重的嗔心時，請停一停、緩一緩，深吸一口氣，在心裡默數十個數，給自己一個冷靜的機會，這樣就不會做出不理智的傻事了。

做人別不知變通

在生活中，有些人懂得變通，會根據不同的事情，採取不同的對策；有些人則恰恰相反，做事不知變通，不管什麼事都用同種思維對待，以致很多事情弄巧成拙。

從前，有個金匠和木匠一起趕路，行至曠野，遭遇劫匪。木匠的衣服被剝去，金匠立即逃跑，藏在草叢裡。

木匠曾在衣服的領子裡，藏了一枚金幣。他對劫匪說：「這衣服有一枚金幣，我想把它要回來。」

劫匪反問：「金幣在何處？」

木匠解開衣領，拿金幣給他們看，並鄭重其事地說：「這是真金的，若不相信，你可以到那邊草叢裡找我的夥伴鑑別，他是位好金匠。」

劫匪找到金匠，不由分說，將他的衣服、行李也搶走了。

這個木匠就是個不知變通的人，不僅自己蒙受損失，還殃及自己的同伴。不知變通的壞處還不止如此，有時候更過分的話，還會釀成大禍：

很久以前，有父子二人相依為命，兒子又笨又憨且不知變通。一天，父親對兒子說：「今天我的仇家會上門來鬧事。不管什麼樣的東西，只要傷害我，你就用斧子把他砍死。」

於是，那寶貝兒子將斧子磨得又快又亮，專心等待仇家的到來。

可是等了很長時間，都沒有見到一個傷害父親的仇人。兒子有點著急了，左瞧瞧、右看看，不知如何是好。

突然，他看見一隻蝨子叮在父親的背上吸血，便立即舉起斧頭向蝨子砍去。不知蝨子被砍死了沒有，他的父親卻因此喪了命。

面對一些複雜的人或事，假如不思變通、太過愚鈍，往往不會有好結果。就好比一支鋒利無比的箭，若不經思考就直接射出，瞄準的目標若是人，必定使別人輕則受傷，重則喪命；瞄準的若是堅硬之物，如石頭、山崖、鐵門等，最終只能折斷，傷害的是自己。

易嗔之人，就連親友都厭惡他

一個人縱有萬貫家財、樂善好施，但若易嗔的話，連親人都不願依附他，更何況是其他人？因為嗔惱者如毒蛇，不時就會傷害別人，有誰願與毒蛇生活在一起呢！

嗔恨，是對不喜歡的人、事、物，產生的一種排斥、厭惡。嗔恨可大可小，小到抱怨、指責；中到憤怒、謾罵；大到殺心、毀滅心。有嗔恨心的人，會有什麼後果呢？

他的一切安樂都會被摧毀無餘，並常處於「喜樂亦難生，煩躁不成眠」的狀態中。《本師傳》也講過：生嗔心的人，臉一剎那就變得非常醜陋，縱然外表裝飾了最好的飾物，也顯不出絲毫莊嚴；即使臥於最舒適的寶床上，也睡不安寧，輾轉反側如處荊棘之中……

經常有嗔恚情緒的人，大都會產生高血壓、心臟病、胃病、失眠症、精神分裂症等疾病。不管他的財有多少、位有多高，就算經常給下屬施以恩惠，但如果經常大發脾氣，傷害下屬的身心，最後下屬也不會領情，甚至還會生起加害之心。

歷史上和我們的身邊，就有許許多多這類事件：一些大人物往往因不能克制自己的嗔怒，導致下屬的反叛，給自己帶來殺身之禍。所以，內心若不斷除嗔恚煩惱，哪怕布施再多的東西，也不能攝受他人，成辦自己的事業。

當然，嗔恨情緒一旦生起，不能硬壓下去，而要想方設法化解掉。否則，這股嗔恨只要還在，就會像火山一樣不斷蓄積可怕的能量，越是強忍，累積的能量越多，總有一天會爆發。下面講一個歷史故事，說明怎樣以智慧化解自己的嗔心：

中國歷史上極有福報的大臣，是唐朝的郭子儀，他是輔佐四代國君的元老，一直屹立不倒。當時戰亂頻仍，郭子儀的對手把他的祖墳給挖了。郭子儀聽後大哭，但並沒有報復，也沒有生嗔恨之心。

他說了這麼一番話：「天下因戰亂死亡的人太多了，因為仇恨，家裡祖墳被刨的也不計其數。我也是領軍打仗的將軍，手下有多少士兵挖了別人家的祖墳呢？現在輪到我了，也算我郭子儀不孝父母、罪孽深重！」

郭子儀的第一反應，就是把對手的錯誤普遍化：刨祖墳是因為亂世中的仇恨。第二反應是反觀自己：我的軍隊就沒有刨過人家的祖墳嗎？第三反應：是我郭子儀之罪，不應嗔怪他人。所以，郭子儀的大福報也不是平白來的，是自己修來的。面對祖墳被挖都能不起嗔心，真是已得安忍三昧。

我們在日常生活中，遇到令自己憤怒的事情，也不妨修習以下四觀：

第一觀：這世上沒有絕對的惡人，之所以「惡」，只是因為他被業風所吹，身不由己，故我們要有容人之量。

第二觀：人生如同一場夢，我們不應該太執著，否則會引生無量痛苦。

第三觀：眾生本來是佛，讓我發怒的不是他，而是他的煩惱。若起了嗔恨心，就等於對他的煩惱發脾氣，這是愚癡的行為。

第四觀：倘若事情還可以補救，就沒有必要生氣；倘若事情已無法挽回，那生氣又有什麼用呢？

當嗔恨心生起時，要學會這樣觀照自心。很多時候，事情剛發生時，我們並不是太生氣，但因為沒能及時制止，才使得怒火不斷蔓延、擴散。實際上，有時候我們的嗔恨心，正是自己在煽風點火。

所以，面對逆境或傷害時，每個人應運用智慧調伏自心，不要任由嗔恨心壯大。否則，它就會如同星星之火，終將燒盡一切功德之林。

欲除痛苦，多念觀音心咒

如果心誠，即使念得不對，也能與觀音菩薩感應道交；如果心不誠，雜有懊悔、懷疑等分別念，就算念得字字正確，也無法與之真實相應。

對我個人而言，從小就對觀音菩薩有非常深厚的感情，也有極其強烈的信心。原因當然有多種，一方面是我出生在佛教家庭，小時候就對佛教有不共的信心；另一方面，我們藏地可以說家家戶戶都持誦觀音心咒。

有時候回憶自己的童年，儘管沒有現在的物質條件，住的也不是高樓大廈，但每個人的心是很純潔的。由於在那種氛圍中長大，所以我小時候放犛牛時，每天都拿著念珠念觀音心咒。念了多少現在也記不清了，幾百萬遍肯定是有。

在我們那裡，觀音心咒是人人都離不開的咒語。而且，家家戶戶對觀音心咒非常熟悉，比較明白它的功德；即使有些人不太清楚，也是每天都在堅持念，而且念的數字相當驚人。像我父母那一代的老年人，基本上每個人都是一億遍以上，三億遍、六億遍、七億遍……這樣的現象比比皆是。

觀音心咒為什麼如此重要呢？無垢光尊者在《如意寶藏論》的〈聞法品〉中，專門提到了一部經──《佛說大乘莊嚴寶王經》（漢文中有宋朝天息災的譯本），主要就講了觀音心咒及名號的功德。

無垢光尊者說：「這部經的功德非常大，猶如烈火，能燒盡我們無始以來的罪障；猶如清水，能洗淨我們的業障垢染；猶如狂風，能摧毀我們身口意的一切障礙……」

觀音心咒的發音，是「嗡瑪尼貝美吽」；也可以在後面加個觀音菩薩的種子字「舍」，即「嗡瑪尼貝美吽舍」。

只要心誠，對觀音菩薩有信心，發音不一定要統一。東北人、閩南人念時，發音肯定不相同，拉薩和四川的藏語發音也有很大差別。但只要自己有信心，功德應該沒什麼兩樣，甚至有時候念錯了也有功德。

從前，有位老和尚在行腳途中，見到一座山上發紅光，知道那裡必定有修行人，於是上山一探究竟，發現了一位老婆婆。

老婆婆告訴他，自己每天都念嗡瑪尼貝美「牛」，數十年如一日。老和尚慈悲地說：「你念錯了，應該是嗡瑪尼貝美『吽』才對。」老婆婆一聽，特別傷心，覺得幾十年的修行全報廢了，心裡特別懊喪，馬上更正了過來。

老和尚告別後到了山下，向山上一望，原來的紅光已經沒有了。他趕緊回去告訴老婆婆：「我剛剛是開玩笑的，你念的嗡瑪尼貝美『牛』沒有錯。」老婆婆頓時展露出笑容，又改回她原來的念法，山上再度現出了紅光。

可見，「心誠則靈」，如果心誠，即使念得不對，也能與觀音菩薩感應道交；如果心不誠，雜有懊悔、懷疑等分別念，就算念得字字正確，也無法與之真實相應。

消除痛苦的五大法

藏傳佛教中有個實修法，可以消除我們日常生活中的痛苦，讓我們保持心情愉快。方法很簡單：首先雙目直視虛空，不執著一切而自然放鬆，心胸儘量放大，在這樣的境界中坦然安住。然後念誦「達雅他　嗡　措姆迷勒那　德卡踏母索哈」，這個咒語念七遍、一〇八遍都可以。如此觀修，有助於我們天天好心情，人際關係趨於改善，許多不順迎刃而解。

痛苦，是每個人都不陌生的字眼。

印度偉大學者聖天論師，將人類的痛苦歸攝為兩種：身苦與意苦。如頌云：「勝者為意苦，劣者從身生，即由此二苦，日日壞世間。」意思是說，上等人的痛苦，是心理上的苦受，比如工作壓力、競爭憂慮、「高處不勝寒」的辛酸等；小人物的痛苦，則是身體上的苦受，比如缺衣少食、超強度勞動等。這兩種痛苦，恆時不斷地損惱著芸芸眾生。

人生本來就多苦，但很多人不明白這一點，遇到一點挫折就怨天尤人：「老天太不公平了！為什麼我這麼倒楣，所有的不幸全落到了我的頭上？」卻不知輪迴的本性即是如此。

那麼，我們在遇到痛苦時，應當如何面對呢？佛教中講了很多方法，通過這些，消除痛苦輕而易舉。即使有些習氣根深柢固，無法一下子完全斷除，但只要持之以恆經常串習，痛苦也遲早會離你而去。

第一、利益眾生，斷除自利

當你特別痛苦時，首先要認識到痛苦的來源是我執，也就是自私自利的這顆心。若想斷除一切痛苦，就要先斬斷它的來源；而要斬斷它的來源，理應學習一些佛教經論，以大乘的無我精神改變自私自利的心態。

有些人以前有很多煩惱、痛苦，但後來學了大乘佛法，經常做些有利於眾生的事，比如做慈善、當義工，原來的痛苦不知不覺就消失了。所以，斷除痛苦的方法，就是要利益眾生。假如你有大乘的慈悲心、菩提心，那是再好不過了，但即使沒有，至少也應培養仁愛的傳統道德。

第二、苦樂皆轉為道用

佛教中還有一種方法，可以將痛苦轉為道用。也就是說，這個事情本身是一種痛苦，但只要你念頭一轉，就可以不把它當作痛苦，而把它利用起來。

這方面的道理，在無著菩薩的《快樂之歌》中講得淋漓盡致。比如，此論告訴我們：

有病是一種快樂，依此可消除往昔的很多業障；沒病也是一種快樂，用健康的身體可以多做善事。

有錢是一種快樂，用它能上供下施，積累資糧；沒錢也是一種快樂，可以斷除自己對財物的耽著。

有些出家人對錢沒什麼貪執，自然就有很多錢了，這時你也不必太煩惱：「有錢了，我該怎麼辦啊！」佛陀在《毗奈耶經》中講過，倘若你前世福報很大，今生不需要勤作就腰纏萬貫，就算是一個出家人，所住的房屋價值五百金錢，也是允許的；所穿的衣服價值一億金錢，也是可以的。所以，無論發生什麼，我們都應該快樂。

其實，一個人若想獲得成功，經歷痛苦也是必需的。真正有智慧的人，根本不會畏懼痛苦，反而會將生活中的每一次磨難，都轉化成通往解脫的基石。

曾有一個故事，就講了這個道理：

從前，一個農民的驢子掉到了枯井裡。農民在井口急得團團轉，就是沒辦法把牠救出來。最後農民斷然決定：這驢子已經老了，這口枯井也該填起來了，不值得花太大精力去救驢子。於是就把所有鄰居都請來，開始往井裡填土。

驢子很快意識到發生了什麼事，起初，牠在井裡恐慌地大聲哀叫。不一會兒，牠居然安靜下來了。農民忍不住朝井下一看，眼前的情景讓他震驚：每一鏟砸到驢子背上的土，牠都迅速地抖落下來，然後狠狠地用腳踩緊。就這樣，沒過多久，驢子竟然把自己升到了井口，在眾人驚訝的目光中，縱身跳出來，快步跑開了……

實際上，生活也是如此。縱然許多痛苦如塵土般降臨到我們身上，我們也應將它統統抖落在地，重重地踩在腳下，而不要被這些痛苦掩埋。若能這樣，到了最後，我們定會像驢子逃離枯井一樣，從輪迴的苦海中徹底脫身。

第三、修持自他交換

觀修自他交換，對消除痛苦也很有幫助。比如，當你重病在床、名聲受損、窮困潦倒時，可以發願：「世間上也有許多跟我一樣的受苦者，願他們的痛苦成熟於我身，由我代受，他們全部離苦得樂。」

然後，當自己向外呼氣時，觀想自己的一切安樂，變成白氣施予眾生；當向內吸氣時，觀想他們一切痛苦，變成黑氣融入自己。

這是除苦的最佳方法。當我們在遭受痛苦時，若能經常這樣觀修，所受的痛苦就有了價值，對自我的愛執也會日益減少。

第四、修持安忍

安忍，就是世人所說的堅強，有了它，面對痛苦便不會輕易屈服。

我曾翻閱過一些有影響的人物傳記，發現許多人之所以成功，是因為內心極其堅強，就算面對難忍的逆境，也能迎難而上、從不言退；而有些人之所以失敗，是因為內心十分脆弱、不堪一擊，即便是微不足道的挫折，也能讓他終生一蹶不振。

像美國總統林肯，終其一生都在面對挫敗：八次競選、八次落敗，兩次經商、兩次失敗，甚至還精神崩潰過一次。好多次他都可以放棄了，但他並沒有這樣做。也正因為這種堅強，他才成為美國歷史上最偉大的總統之一。

所以，成敗的關鍵在哪裡？就在自己的心力強大與否。蘇東坡也說過：「古之立大事者，不唯有超世之才，亦必有堅忍不拔之志。」

第五、米滂仁波切的「心情愉快法」

藏傳佛教中還有個實修法，可以消除我們日常生活中的痛苦，讓我們保持心情愉快。

方法很簡單：首先雙目直視虛空，不執著一切而自然放鬆，心胸儘量放大，在這樣的境界中坦然安住。然後念誦「達雅他 嗡 措姆迷勒那 德卡踏母索哈」，這個咒語念七遍、一〇八遍都可以。如此觀修，有助於我們天天好心情，人際關係趨於改善，許多不順迎刃而解。

當然，以上所講的幾種方法，你們不一定要全部都用，畢竟每個人的根基不同，選擇適合自己的就可以。就像生了病以後，有些人吃中藥能好，有些人用按摩也行，有些人還可以打針，但不管選擇哪一種，目的都是為了斷除痛苦。

藏地幸福密碼

凡是來過藏地的人，就會發現這裡不管男女老少，無論出家、在家，幾乎人人手中都拿有念珠。念珠對他們而言，不是戴在身上的一種擺設，或是消災避邪的護身符，而是專門為念咒計數的工具。很多藏族人一生中精進念咒，數量甚至超過十億以上。

有些人不明白念咒有什麼作用。其實，從究竟而言，佛菩薩的心咒與佛菩薩無二無別，觀音心咒就是真正的觀音菩薩，文殊心咒就是真正的文殊菩薩，通過持誦這些心咒，可以與佛菩薩心心相印。

著名大德米滂仁波切在《大幻化網》中也說：「勝義中，一切法皆為離戲大空性，沒有任何分別；但在名言清淨顯現中，咒語與本尊於所化者前，皆是智慧之幻變，了知彼二無有差別，則應將密咒受持為聖尊。」

這種境界比較高深，如果無法理解，可以這樣看，每位佛菩薩因往昔發了不同的大願，所以，持誦他們各自的咒語，也會帶來不同的加持力。比如，文殊菩薩是三世諸佛的智慧本尊，若持念文殊心咒，比念其他咒語更容易開智慧；觀音菩薩是三世諸佛的慈悲本尊，若想增上慈悲心，念觀音心咒的作用會立竿見影……諸如此類依靠持咒，不但可圓滿出世間的解脫功德，還可以帶來發財、長壽、健康等世間利益。

對此，有些固執的人也許不承認：「太愚癡了，不可能吧！」但實際上，密咒的加持力，你是可以親身感受到的，用教證、理證來說明，也完全可以成立。現在許多人常陷入一種誤區：科學無法解釋的東西，就認為不科學，包括密咒加持、前世後世、因果輪迴……

其實，「科學」的定義，是「暫時可被知而還沒有被推翻的知識」，所以科學不一定就是真理。假如一味地用科學衡量一切，此舉本身也是種迷信。因此，我們對不了知的事物，應該有一種理性的態度，不要輕易接受一切，也不要輕易否定一切。

還有些人，對佛法不太瞭解，口口聲聲說不能學密宗，因為裡面有太多密咒。但實際上，漢地寺院每天的早晚課誦裡，都會念楞嚴咒、往生咒、大悲咒、十小咒等；許多人經常念的《心經》，最後也有一句密咒，被稱為「是無上咒，是無等等咒」。假如密咒都應視如洪水猛獸，那這又該如何解釋呢？

其實，在漢地的很多佛經中，都提到了密咒的殊勝性。如《楞嚴經》云：「若不持咒，而坐道場，令其身心，遠諸魔事，無有是處。」意思是，在修行的過程中，假如不持誦密咒，祈禱佛菩薩加持，單單依靠自己的力量，就想讓身心遠離一切魔障，是根本不可能的事。《金光明經》中也說：

「十地菩薩，尚以咒護持，何況凡夫？」

而且，密咒也並非藏地的「特產」，它在漢地的佛經中隨處可見。例如，《佛說大乘莊嚴寶王經》中，佛陀就對除蓋障菩薩，詳述了觀音心咒「嗡瑪尼貝美吽」的來歷和殊勝功德。

當然，佛陀所講的任何一個道理，並不是讓我們盲目地接收，而是要嘗試去證明這些是否正確。這方面，在佛教的中觀、因明等中，有一系列的觀察方法及邏輯推理。所以，對於事物的真相，佛陀是要我們知道，而不只是相信。

離苦得樂的幸福咒語

我確信，一個人不管內心有何所求，只要一心一意祈禱佛，必會帶來與自己根基和業緣相應的利益。甚至僅僅稱一聲「南無佛」，對今生來世也有不可估量的意義！

釋迦牟尼佛

若想緩解生活、工作的壓力，最簡單、最實用的禪修方法是：先專注盯著釋迦牟尼佛像，看一會兒閉目想；想不起來了，再看一會兒，再閉目想……如此不斷地訓練，直至想得非常清晰。如果想打坐修禪定，這也是最有加持力的方法。

長壽佛

若想增長自己或他人的壽命，避免夭折或意外身亡，可一心一意地祈禱長壽佛，專注持念長壽佛心咒「嗡 阿瑪 Ra 呢則萬德耶索哈」。

金剛薩埵

過去有意或無意中造下的一切罪業，若生起後悔之心，一邊念金剛薩埵心咒「嗡班雜薩埵吽」，一邊想著金剛薩埵佛尊降下甘露，洗盡自己的罪業，諸罪可逐漸滅盡無餘。

藥師佛

虔誠、專注地祈禱藥師佛，持念「南無藥師琉璃光如來」，能滅除一切疾病，消災延壽，也可令容貌更加莊嚴。

阿彌陀佛

臨終時，若一心一意持念「南無阿彌陀佛」，在腦海中想著阿彌陀佛的莊嚴身相，同時，周圍的人也為其念此佛號，可消除死時的痛苦、恐懼，身心得到安樂。有緣者命終後往生極樂世界。

蓮花生大士

若虔誠祈禱蓮花生大士，一心念誦蓮師心咒「嗡阿吽 班雜格熱班瑪色德吽」，可化解一切不祥，如本命年、爭鬥、惡兆、疾病、橫禍等，修行無有任何障礙，迅速成就所願。

度母

若虔誠祈禱度母，一心專念度母心咒「嗡 達熱 德達熱 德熱索哈」，能止息惡咒、自殺、疾病等損害，免除一切煩惱，消除心中恐懼，獲得錢財、勢力、名聲等世間力量。當今之世，修此法之成效最為迅速。

地藏菩薩

若想所求如願以償，善根增長，福報、財富圓滿，或者超度已故亡人，可一心專念「南無地藏菩薩」，祈禱地藏菩薩加持。

文殊菩薩

若想開啟內心的智慧，明辨所做之事如何取捨，可一心專念文殊心咒「嗡阿Ra巴雜那德」。尤其是孩子在讀書時，常念文殊心咒，對學業大有助益。

觀世音菩薩

無論遇到任何危險、急難，一心專念「南無觀世音菩薩」，可逢凶化吉、遇難成祥。

大鵬金翅鳥

佛菩薩為利益眾生而化現為大鵬形象。若一心祈禱大鵬，能獲得無礙的威力，消除非人、鬼魔帶來的各種危害，對癲瘋、昏厥等藥物難以治療的疾患，有與眾不同的功效。

以上內容，只是滄海一粟。其實每一個心咒或聖號，都有無量無邊的功德，寫幾本書也寫不完。但為了方便大家選擇，我特將這些佛菩薩最拿手的「特長」介紹了一下，你們可根據自己不同的需要，尋找適合自己的方法。

在念佛菩薩的心咒或聖號時，看著、想著佛菩薩的莊嚴身相非常重要，以此更容易攝住我們的散亂心，與佛菩薩的加持相應。其實，看到佛像的功德不可思議，可令我們遠離一切障礙，增長無量福德。如《華嚴經》中說：「若得見於佛，捨離一切障，長養無盡福，成就菩提道。」甚至以嗔恨或蔑視的眼光看佛像，也會因為與佛結緣，對來世有無量的利益，那以信心、恭敬心、歡喜心注視著佛像，就更不用說了。

如果將佛像放在清淨的高處，經常誠心地禮拜、供養、祈禱，並按照佛教中的這些方法修行，久而久之，不但可息滅煩惱、緩解壓力、解脫痛苦，還能令相貌莊嚴、聲音悅耳、具足財富等，有各種無形的加持力。

我確信，一個人不管內心有何所求，只要一心一意祈禱佛，必會帶來與自己根基和業緣相應的利益。甚至僅僅稱一聲「南無佛」，對今生來世也有不可估量的意義！

02

佛是這樣為人處事的

不責備別人的小錯；不揭發別人的隱私；不惦念以前的嫌隙，這三者不僅可以培養德行，還能讓自己遠離禍害。

有一種感動叫守口如瓶

懂得尊重別人的人，終將贏得別人的尊重。無論何時，保守秘密的人都能受到重用，也能贏得他人的信任。

生活中，我們不僅要保守自己的秘密，也要尊重他人的秘密。有些人心性不穩定，受人盛情款待時，常會把心裡話傾吐殆盡。特別是酒醉飯飽之後，最易吐真言：「咱們朋友一場，以你我多年的交情，今天我什麼都沒保留，全跟你說了，你千萬不要跟別人說！」

俗話說：「秘密若從口裡出來，就已出了大門了，以後會遍於全世界。」所以，過了兩三天後，這個朋友又在別人面前，上演了同一齣戲……如此不能保守秘密，只會令信任自己的人徹底失望。因此，我們對於別人的秘密，務必要守口如瓶。

曾有一個人去某跨國企業應聘，來求職的人很多。面試一輪之後，進入筆試階段。

這些題對他來說都不難，他快速寫著，卻被最後一題難住了。題目是這樣的：「請寫下你之前所任職公司的秘密，越多越好。」

他看看周圍，發現其他的人都在奮筆疾書。他想了想，拿著試卷走到考官面前說：「對不起，這道題我不能答，即使是我的前公司，我也有義務保守秘密。」

說完，他就離開了考場。

第二天，他收到這個企業的錄用通知書，老闆在通知書的末尾寫道：「有良好的職業操守，懂得保守秘密的人，正是我們需要的。」

可見，懂得尊重別人的人，終將贏得別人的尊重。無論何時，保守秘密的人都能受到重用，也能贏得他人的信任。

另外，有些事情即使不是秘密，但為了自己和他人，也還是應當盡量保密：

一、「隱秘自己之功德」。自己縱然具有很多功德，也不能在別人面前誇誇其談，炫耀自己如何了不起。倘若自己宣說自己的功德，多半是我慢的一種顯現，別人不一定對你生信心，反而會有各種各樣的想法。

二、「隱秘他人之過失」。我們有時看不慣別人，是因為自身修行不夠。其實，別人說我們的過失，我們可能悶悶不樂，當面說了不高興，背後說了也不高興，兩三天都不想吃飯。那麼推己及人，自己又為何愛說別人的過失呢？

三、「隱秘未來之計畫」。計畫還沒有實現之前，就四處宣揚的話，很容易遇到違緣，半途夭折。世間一切本是無常，所以，做事若沒有十拿九穩的把握，最好先不要到處說。
這些教言是古大德的殊勝訣竅，文字看似簡單，意義卻相當深，望大家能牢記於心！

不求以心換心，但求將心比心

眾生避苦求樂之心皆同，所以，明白這個道理以後，希望每個人在為人處事時，不求以心換心，但求將心比心。

你想怎麼樣對待別人，就應先換位思考，看自己能不能接受。如果自己不願接受，那就立即停止，不論語言還是行為，都不要強加於人。

從前，子貢問孔子：「一生中若奉行一個法，該是什麼？」孔子便傳授一個「恕」字，告訴他：「己所不欲，勿施於人。」如此推己及人，在佛教中也推崇備至，如《入行論》云：「自與他雙方，惡苦既相同，自他何差殊？何故唯自護？」所以，自己不願接受的痛苦，千萬不要加在別人身上，因為別人也照樣不願意。

佛教中有一個眾所周知的故事：鬼子母有一千個兒子，她最疼愛小兒子。鬼子母愛吃小孩肉，常到人間抓小孩，活生生地當食物吃。人們受不了這種痛苦，紛紛向佛陀求救。佛陀於是通過神變，將鬼子母的小兒子捉來，扣在自己的缽裡。

鬼子母回來發現小兒子失蹤了，特別著急，不吃、不喝、不睡，上天入地到處找，整整找了七天，也沒有找到。後來，她聽說佛陀無所不知，就到佛陀那裡去哭訴。

佛陀說：「你有一千個兒子，才丟了一個就這樣難過。別的百姓只有兩三個孩子，甚至是獨生子，卻被你吃掉了。你想想人家的心情，是不是比你更痛苦？」

聽到這番話，鬼子母當下醒悟，在佛陀面前懺悔道：「我錯了，只要能讓我找到小兒子，我再也不吃別人的孩子了。」佛陀便把她的小兒子從缽裡放出來，還給了她。

這種換位思考，在國際上也非常重視。以前國際上開了幾個會議，最終達成共識認為：不管是任何國家、任何民族、任何宗教，人與人之間最容易接受的，就是「推己及人」的理念。

眾生避苦求樂之心皆同，所以，明白這個道理以後，希望每個人在為人處事時，不求以心換心，但求將心比心。

對朋友要知恩、念恩、報恩

一個人是否可交，判斷起來也不是特別困難。只要能夠知恩報恩，這個人就值得交往、親近。

具足智慧、人格高尚的人，對於他人的恩情，會永遠銘刻於心，時時提醒自己。沒有能力時，苦於無法回報；一旦時機成熟，便會立即「滴水之恩，湧泉相報」。

而人格低劣的人，與此恰恰相反。他們受別人恩澤，非但不知恩，反以為是自己的福報，根本談不上將來報恩；甚至有時候還恩將仇報，對恩人加以誹謗詆毀，盡顯內心惡劣的本性。

從前有父子二人，父親具足智慧，精研佛學，去世前留給兒子一份遺囑：「輔助明主而遠棄昏君，聘娶賢妻而勿娶劣女，結交善友而捨棄劣友。」

但兒子年少氣盛，想驗證父親所說的是否在理，於是故意侍奉一位昏君，娶一位劣妻，結交了一位善友。

一天，他陪國王進山遊玩，晚上兩人住在一個山洞裡。深夜時，一頭猛虎闖進洞來，眼看就要吃掉國王。在這千鈞一髮之際，他挺身而出，舉劍殺死猛虎，救了國王。

事後，他對國王說：「我今天救了你的命，往後可要報答我啊！」國王虎口脫險，高興至極，連連點頭答應。

後來，國王一直沒有酬謝他，似乎早已忘記了諾言。他非常氣惱，於是將國王最寵愛的一隻孔雀偷來殺死，和妻子一起分享了孔雀肉，又將經過告訴了善友。

國王丟失了孔雀，非常著急，懸賞追尋孔雀的下落：若是男人，就賞給半國的財產；若是女人，則封為王妃。他的好友忠義善良，未去告發。他的妻子卻見利忘義，為做王妃而向國王告密。

國王立即將他抓獲，並要治罪。他對國王說：「孔雀雖然是我殺的，但看在我救過你一命的面上，請饒恕我吧！」

國王冷笑道：「我眷屬眾多，哪能一一報恩？你殺了我的孔雀，今天必死無疑！」

正在緊要關頭，好友獻出孔雀說：「國王息怒，孔雀在此。」原來，好友提前入山捕獲了一隻孔雀，與國王那隻極為相似。國王得到孔雀，就不再計較了。

經過這場風波，他又做了相反的試驗：輔助明君，娶一賢妻，交一惡友。

這天，他和國王騎馬去郊遊。國王的馬受驚狂奔不已，致使他倆迷了路。饑渴難忍之時，他將身上帶的兩個油柑果，分給國王食用。國王歡喜承諾：「我一定要報答你的恩德。」後來，他們尋到歸路，順利返回王宮。

為了考驗國王，他故意把國王最寵愛的小王子騙回家，將衣服脫下交給惡友，告知：「我已將小王子殺死。」然後讓妻子看護好王子。

國王痛失愛子，在全國張貼布告，重賞知道王子下落的人。惡友聞訊，立即將他出賣。

國王半信半疑，傳他來問話。他面不改色，坦然承認了，並請求國王饒恕。

國王哀歎：「可憐我子命薄，就算現在把你殺死，也於事無補。且恕你無罪，也算對你報恩吧！」如此這般，他深深感悟到國王確實是位知恩報恩的有德賢君，於是將事實和盤托出，同時讓妻子把王子送還國王。

兩種截然相反的人生經歷，令他感觸頗深：「父親的忠告是多麼正確啊！」

一個人是否可交，判斷起來也不是特別困難。只要能夠知恩報恩，這個人就值得交往、親近。

當然，我們這樣要求別人，更應當如此要求自己。不管是什麼樣的恩德，哪怕再小，我們也要盡力報答。即使暫時沒有能力，也應時時知恩、念恩，心存感恩。

見別人短處，請勿輕易揭露

不責備別人的小錯；不揭發別人的隱私；不惦念以前的嫌隙，這三者不僅可以培養德行，還能讓自己遠離禍害。

俗話說得好：「人非聖賢，孰能無過？」一點過失都沒有的人，世間上是找不到的。對於別人的缺點，就算有些地方看不慣，也不要隨便說出去。尤其是別人的隱私，千萬不要到處散播。《格言聯璧》云：「靜坐常思己過，閒談莫論人非。」弘一大師也曾說：「吾每日思己之過都來不及，哪裡還有時間批評他人是非？」

可是現在有些人不是這樣，他們特別喜歡說是道非，稍微看到一點、聽到一點，就趕緊添枝加葉地傳播。甚至罵人的時候，故意揭露一些隱私，把別人傷得體無完膚。這是非常不厚道的行為。

古人言：「罵人不揭短。」不管在什麼情況下，人都要學會留口德，管好自己的舌頭。

從前，一個主人對僕人說：「你到市場去給我買最好的東西。」僕人去了，帶回來一個舌頭。

主人又對僕人說：「你到市場去給我買最壞的東西。」僕人去了，又帶回來一個舌頭。

主人問他為什麼兩次都買舌頭。僕人回答說：「舌頭是善惡之源。當它好的時候，沒有比它再好的了；當它壞的時候，沒有比它更壞的了。」

當然，語言的善惡關鍵在於心，心裡怎麼想的，口中才會怎麼說。所以，要想管住舌頭，首先應培養自己的德行。

《菜根譚》云：「不責人小過；不發人隱私；不念人舊惡，三者可以養德，亦可以遠害。」不責備別人的小錯；不揭發別人的隱私；不惦念以前的嫌隙，這三者不僅可以培養德行，還能讓自己遠離禍害。

憨山大師在《醒世歌》中也講：「休將自己心田昧，莫把他人過失揚。」

這是古人的處世之道，我們應當引以為鑑。

現在很多人一提到別人的過失，便興致勃勃、積極發言，甚至添油加醋、顛倒黑白，然後謠言一傳十、十傳百，如此對別人的傷害極大。

其實，宣揚別人的惡行，也等於自己作惡。過多評論他人、說人是非，不但有損自己德行，也會因此與人結下怨仇，禍延己身。

所以，一個德行好的人，聽到是非後會閉口不言，不妄加評論，更不會到處傳揚。印度哲學家白德巴也說：「能管住自己的舌頭，是最好的美德。」

為別人著想，是最大的利己

不管你是做什麼的，如果始終想著自己，別人不一定看得上你，但若盡心盡力地幫助別人，大家就會對你另眼相看。所以，一個人若想自己得利益，就要先為別人著想。

倘若沒有做好人，想成佛是不可能的。

當然，每個人對「好人」的定義不相同：有人認為脾氣好、性格好、做事勤快，就是人格賢善；有人認為長得漂亮，就具有人格魅力；有人認為心比較軟，就是人格很好；有人認為個性堅強，肯定是好人……但我的上師並沒有這麼認為，他老人家說，想做好人的話，就要在這幾點上下功夫：

一、言行恆時隨順友

言行舉止經常隨順他人，對上者恭敬，對中者和睦，對下者關愛，跟誰都合得來，不會動輒橫眉怒目，處處與人作對，不論到哪個團體都攪得雞犬不寧。

當然，隨順他人，也不是沒有原則的。別人生貪心你也隨順，生嗔心你也隨順，不是這個意思。

隨順並不等於一味地投其所好，而是對如理如法的行為，才應當去隨順。

人與人在一起難免磕磕碰碰，任何團體都會有許多矛盾，但人格好的話，跟誰接觸都十分融洽，而不是別人說上去、自己偏要下去，別人說做稀飯、自己偏要吃乾飯，什麼都要特立獨行。就像藏地有個比喻說：「一百頭犛牛上山的時候，嘎巴牛（犛牛中的敗類）非要往下跑。」這種說法還是很形象的。人格不好的人，在任何地方都惹是生非，就算坐車去往某地，一路上也會跟好多人吵架。這樣的人離開之後，大家都覺得很舒服，好像袪除了眼翳一樣，得吃頓飯慶祝慶祝。

不過，人格的好壞，在表面上也看不出來。有些人言行舉止很不錯，但接觸一段時間後，大失所望；有些人剛開始似乎比較頑劣，結果越接觸越覺得他好，很讓人信任。所以，「路遙知馬力，日久見人心」，這句話確實說得在理。

二、秉性正直

不管說話還是做事，心都要正直，不包庇自方、嗔怪他方，而是以客觀事實為準，不偏袒任何一個人。

有些人性格非常直，看不慣馬上說出來，想什麼就說什麼，認為這就叫做「正直」。其實不然，這只是把心裡想的，從嘴裡吐出來而已。所謂的正直，是以良心作證，遇到事情時既不偏向自己，也不偏向他人，無論對方高低貴賤，是高官抑或乞丐，只要符合客觀事實，就當仁不讓地站在那一邊。

這樣的人如黃金般難得，眾所周知，包公斬駙馬就是正直的典型。包公為了伸張正義，寧願觸怒皇室，哪怕丟掉烏紗帽，也不違背正理公意。海瑞亦是這樣，他為官清廉、剛正不阿，為了正義寧可罷官。而有些人並非如此，說起話來天花亂墜，但私底下完全不是這回事。現在狡猾的人實在太多了，我們一定要學會正直，若能做到這一點，別人冤枉誤解也好、誹謗詆毀也罷，自己都問心無愧，始終會像純金一樣發出真實善良的光，不被任何黑暗所覆蓋。

三、心善良

假如能做到隨順別人、為人正直，但心腸狠毒的話，人格也好不到哪兒去。現在有些人，話講得頭頭是道，可是背後卻包藏害人之心，那做什麼都徒勞無益。因為心是一切之根本，宗喀巴大師也說：「心善地道亦賢善，心惡地道亦惡劣。」心善的話，一切都是光明的；心惡的話，只能趨往黑暗了。

這三點做人的道理非常重要！

上師還進一步說，倘若你想利益自己，利他是最好的訣竅。作為凡夫俗子，完全不考慮自己是不可能的，但考慮自己的過程中，若是損害其他很多人，自己的事業也不會成功。

有一次乘飛機，我旁邊坐了個年輕人，看起來很有才華。他是一個企業的總經理，平時不信佛教，但我們聊起來還是有共同語言。他說：「應該做好人、多幫人。實際上，任何企業若想成功，一定要幫助周圍的人，這樣才有生存空間。假如我一味地顧著自己，別人也是很聰明的，誰都能感覺得到，最後我也不會有什麼成果。」他講得挺有道理。確實，不管你是做什麼的，如果始終想著自己，別人不一定看得上你，但若盡心盡力地幫助別人，大家就會對你另眼相看。所以，一個人若想自己得利益，就要先為別人著想。

上師也曾開玩笑說：「我通過多年的生活經驗發現，如今很多人不會做人，每天自私自利只想自己，這不一定就能得償所願。比如，有的年輕人喜歡某個人，就把對方束縛得死死的，拼命地占為己有，結果往往適得其反；而有的人喜歡對方，就全心全意地支持他、幫助他，對方畢竟也是人，最後會接受這種心意的。」

只可惜，很多人不懂這個道理。

千萬不要忘記，給你戴高帽子的人

現在有些人，會吹、會捧，說話溫順悅耳，卻摻雜許多虛假的東西。不過，世人偏偏喜歡阿諛奉承之詞，對於鮮豔奪目的「高帽子」，常常是來者不拒、多多益善。

一個人若能對「戴高帽子」感覺不舒服，這才是真正的智者。尤其是自己身居高位時，手下人唯唯諾諾，親密地圍繞在身邊投其所好、歌功頌德，你也許覺得這種滋味很好。但是，在這種舒服的感覺中，往往隱藏著許多陷阱。

上個世紀八〇年代，一位剛畢業等待分發的女大學生歸心似箭，匆匆登上了回家的列車。她坐在車上隔窗遠眺，對未來充滿著憧憬，臉上不時浮現出幸福的微笑。

途中，一位衣著樸素的婦女，懷抱不滿一周歲的嬰兒擠上火車，坐在大學生身旁的空位上。相視一笑，婦女的話匣子就打開了：「姑娘，你真像書香門第的大家閨秀，一定有很高的學問，準是研究生、博士之類的。」

「不，我剛大學畢業。」

「不管怎樣，你都是令人羨慕的。其實，我從小就有上大學的心願，可惜家裡窮，只念過幾天書，連自己的名字都不會寫，想想真可憐。後來做小本生意算賺了些錢，別人勸我辦公司，我都不敢，沒文化就怕上當受騙……唉！姑娘，我在C城有筆生意，你能否花點時間幫我簽訂一個合同，你的費用我全包了。你若有意經商，我願與你合夥，我出錢、你出力，我倆一定能成功。」

大學生一聽，暗自歡喜，於是不假思索地答應了。

列車行駛到了一半，於C城換車頭，她倆下了車。婦女打了個電話，然後對姑娘說：「一路辛勞，先去我姨媽家休息。」

她們乘坐公共汽車，到達了城郊一座村莊。跨入高牆內院，主人「熱情」地將她們迎進屋。一個中年男子交給婦女一包東西，互相交談了幾句後，婦女對姑娘說：「別客氣，就像在你自己家一樣。表哥說我姨媽身患惡疾，臥床不起，我先帶孩子去看她。你在這兒休息，我一會兒就回來。」

這一等，就是幾年。原來，這婦女是個人販子，將姑娘賣給人家當老婆了。後來，大學生逃了出去，向人們講述了自己的悲慘遭遇……

如今有的人擇友也很不謹慎，最初沒有觀察清楚，受騙上當、蒙受損失之後，一再地哭訴：「我是老實人，根本不懂這些騙人的把戲。」但這樣於己、於人、於解決問題，又有什麼作用呢？

事前的謹慎，遠比事後的後悔強多了。

學會敷衍不講理的人

其實，有些人的爭論，根本沒有什麼實義，完全是為了爭一時之氣。這在智者的眼裡，就跟看小孩搶玩具一樣，只會一笑置之。

性格粗暴、蠻不講理的人，若與之交往甚密，很容易煩惱纏身，深受其擾。

若爭論起來，你講一句，他會回敬你十句，無理也要辯三分，邪理歪道、胡攪蠻纏，吵得臉紅脖子粗，最後往往會反目成仇。所以，作為有智慧的人，跟他們既不要過於親近，也不必爭吵。

或許有人會問：「這種不講理的人，有時躲也躲不開，你不理他，他反要自己找上門，那又該怎麼辦？」此時，你可以用安忍來對治，或不答話，或隨彼所說，暫時隨順。

曾有兩個脾氣暴躁的人，因一小事而爭論不休，眼看著夕陽西下，仍未得出結論，二人不歡而散。

當晚，甲到當地一位德高望重的長者家裡，敘述緣由，請長者評判。長者言：「你說得很對。」他心滿意足，歡喜地回去了。

不一會兒，乙也來到長者家，說自己如何有理。長者聽完，仍笑容可掬地說：「你說得很對。」乙也稱心如意地離去了。

長者的侍從見此情景，有點丈二和尚摸不著頭腦，不解地問：

「您為何說他二人都對？既然都對，又為何要爭辯呢？」

長者舉目一笑，說道：「他二人所辯的內容，就像先有雞還是先有蛋，毫無意義。繼續吵鬧爭辯，勢必引生禍患。對於這類人，是沒有道理可講的。我隨順他們的想法，他們也就滿意了。」

果然，甲乙二人平息了紛爭。

其實，有些人的爭論，根本沒有什麼實義，完全是為了爭一時之氣。這在智者的眼裡，就跟看小孩搶玩具一樣，只會一笑置之。

不遠離小人，你就可能變成小人

如果親近沒有道德的小人，聽多了他們的花言巧語，見多了他們的見利忘義，自己的邪見定會日益增上，智慧也將全部滅盡，無形中帶來極大的危害。

不管是在生活中，還是修行中，惡友的危害都非常大。

一個人學好很難，學壞卻很容易。即使是有功德的智者，一旦交友不慎，也會被惡友拖下水。《水木格言》中講過，縱然是圓滿的大樹，久泡水中，根也會腐壞；縱然是具足功德之人，長期與惡友交往，也會被他所毀。

《佛子行》亦云：「交往惡人增三毒，失壞聞思修事業。令成無有慈悲者，遠離惡友佛子行。」意思是說，交往惡友，會增上貪嗔癡煩惱，失壞自己的聞思修行，以前具有的慈悲心也會蕩然無存，因此，我們一定要注意平時的與人交往。

假如有人傲氣十足、煩惱深重，對善知識的教言不重視、不恭敬，那最好不要與之寸步不離；否則，自己漸漸就會被其同化，進而沆瀣一氣、同流合污。

古人特別重視擇友，《世說新語》中有這樣一則故事：

管寧和華歆是一對非常要好的朋友。他們同桌吃飯、同窗讀書、同床睡覺，成天形影不離。有一次，他們在田裡鋤草。管寧挖到了一錠金子，但他對此沒有理會，繼續鋤他的草。華歆得知後，丟下鋤頭奔了過來，拾起金子摸來摸去，愛不釋手。

管寧見狀，一邊幹活，一邊責備他：「錢財應該靠自己的辛勤勞動獲得，一個有道德的人，不可以貪圖不勞而獲的財物。」

華歆聽了，不情願地丟下金子回去幹活，但不住地唉聲歎氣。管寧見他這個樣子，不再說什麼，只是暗暗地搖頭。

又有一次，他們兩人坐在一張席子上讀書。這時，一個大官在窗外經過，一大隊人敲鑼打鼓，前呼後擁，威風凜凜。

管寧對外面的喧鬧充耳不聞，好像什麼都沒發生。華歆卻被這種排場吸引住了，他嫌在屋裡看不清楚，乾脆連書也不讀了，急急忙忙跑到街上去看熱鬧。

管寧目睹了華歆的所作所為，再也抑制不住心中的失望。等到華歆回來後，就當著他的面，把席子割成兩半，痛心地宣布：「我們的性向和志趣太不一致。從今以後，就像這被割開的草席一樣，我們再也不是朋友！」這即是歷史上著名的「管寧割席」。

所以，如果親近沒有道德的小人，聽多了他們的花言巧語，見多了他們的見利忘義，自己的邪見定會日益增上，智慧也將全部滅盡，無形中帶來極大的危害。

說人過失，本身就是一種過失

我們不要總說人過失。因為我們是凡夫，內心所呈現的，大多是不清淨的顯現。正如有些大德所言：「佛見眾生全是佛，魔見眾生全是魔，凡夫見眾生全是凡夫。」

有些人常看別人不順眼，說起別人的過失真的是「天才」，再難聽的語言也說得出來，讓人聽都不敢聽。對他們而言，別人臉上有蝨子都看得見，自己臉上有犛牛也看不出來；自己的過失像須彌山那麼大都看不見，別人的過失像微塵那麼小也了了分明。這是相當不好的！

《格言寶藏論》中說過：「聖士觀察自過失，劣者觀察他過失。」賢善高尚的人，喜歡時時刻刻反觀自己，以求不斷完善自己的德行。而品格低劣的人，眼睛始終向外看，探尋別人的缺點成癖，觀察他人時細緻入微，不放過任何蛛絲馬跡，甚至戴上放大鏡，企圖在雞蛋裡挑出幾根骨頭。對於別人的功德，他們往往視而不見，一看到過失卻如獲至寶，斷章取義、大肆宣揚。

要知道，一個人的境界，是無法以外在來衡量的。昔日印度的八十位大成就者，表面行為如法的很少。他們或是當屠夫，或是當妓女，或是當下賤者……但其內在的智慧和功德，遠遠超過了任何凡夫。

這些人外表看來很普通，似乎沒有過人之處，但他內在是大菩薩，如果去說他的過失，這種罪業相當可怕。就如同被灰覆蓋的火星，外表看起來只是一堆灰，好像沒什麼火，但你坐上去的話，肯定會被燒到的。

古人云：「喜聞人過，不如喜聞己過。」喜歡聽聞別人的過失，不如喜歡聽到自己的過失，這樣可以了知自己的不足，便於改過遷善。否則，一天到晚找別人的毛病，不要說是普通人，甚至是佛菩薩來到面前，也會覺得他一無是處。

對任何一個人，我們都應觀清淨心。心不清淨，便會將別人的缺點無限放大；心若清淨，周圍無一不是菩薩。

對朋友要看在眼裡，放在心裡

交友應尋找情義深長、穩重可靠之人。有些人今天對這個好，明天對那個好，跟誰都只有三分鐘熱情，這種說變就變的人，往往不可深交。

一個人若對朋友情誼不堅，從來不懂得以誠相待，遇到問題時只顧自己，那麼有誰願意與他交往呢？

以前有個鸚鵡王，牠擁有部下三千之多。其中，有兩隻個頭大、身體格外健壯的鸚鵡，總喜歡想些有趣的花樣給鸚鵡王玩樂。牠倆經常各叼一根木棍的一端，讓鸚鵡王站在棍子上，當成車子於空中飛來飛去，周圍簇擁著三千屬下，好不威風。

日子久了，鸚鵡王思忖：「若長期尋歡作樂，就會失去好的品性和修養。現在這些部下雖都盡心盡意服侍我，但不知牠們是真心還是假意，我且裝病試試。」於是，鸚鵡王佯稱身體不適，悄悄躺在一邊，一動不動。

屬下們見後，草草地用樹葉往牠身上一蓋，就各自離去了。鸚鵡王看看四周，沒有一個留下的，便獨自到深山去找吃的了。

牠的屬下飛到另一座山林，去拜見另一隻鸚鵡王，並報告說：「大王啊，我們的國王死了，今來投靠您，願做您的奴僕。」

對方卻說：「你們國王真的死了嗎？我要以屍體為證，若是事實，我才接受你們。」

這群鸚鵡沒辦法，只好飛回原處，可是怎麼也找不到鸚鵡王的屍體。牠們飛來飛去到處尋找，最後終於找到了，但不是屍體，而是活的鸚鵡王。

下屬們馬上又像過去一樣，跑去殷勤地侍奉牠。鸚鵡王感慨地說：「我還沒死，你們就離我而去。你們只知尋歡作樂，見異思遷，世上再難找出像你們這樣的了。」說完，鸚鵡王就飛走了。

交友應尋找情義深長、穩重可靠之人。孟郊在《求友》中也說：「求友須在良，得良終相善；求友若非良，非良中道變。」有些人今天對這個好，明天對那個好，跟誰都只有三分鐘熱情，這種說變就變的人，往往不可深交。

感謝揭露你過失的人

當別人提出好的意見，或者揭露你的過失時，自己應當虛心接受，並把他當作最好的朋友、最好的善知識。為什麼呢？因為誰也不願輕易得罪別人，倘若不是出於好心，人家不可能故意挑你的毛病。

世間的朋友，分損友與益友。

按照《論語》的說法，損友有三種：「友便辟、友善柔、友便佞。」友便辟，指逢迎諂媚的朋友；友善柔，指表面奉承而背後誹謗的朋友；友便佞，指善於花言巧語的朋友。

益友也有三種：「友直、友諒、友多聞。」友直，指正直的朋友，不會有狡詐心和欺騙行，讓人有安全感、信任感；友諒，指誠實守信的朋友；友多聞，指廣聞博學的朋友。

一個人能否遠離損友、交到益友，關鍵在於自己。倘若別人指出你的過失，你非但不生氣，還願意認真改正，就能交到益友。反之，假如你冥頑不靈，固執不化，不肯虛心接受，甚至還暴跳如雷，益友就會慢慢疏遠你，終有一天離你而去。

這裡有一則故事：

孔子最初在魯國時，做過大司寇，攝行丞相事。雖然時間不久，只做了三個月，可是魯國大治。大治到什麼程度呢？「路不拾遺，夜不閉戶；槍刀入庫，馬放南山。」路上丟失的東西沒人去撿，晚上睡覺不需要關門；刀槍都收到倉庫裡了，戰馬也被趕到南山上餵草。舉國上下一幅太平景象。

孔子把魯國治理得這麼好，這讓齊國君王特別害怕。因為齊國跟魯國是鄰國，為阻止魯國繼續強大，以免把齊國給占領了，他們想辦法要破壞魯國的政治。

齊國想出什麼方法呢？就是訓練一班擅長歌舞的美女獻給魯國，其用意是想令魯國君王沉迷於聲色，不再治理國家。

魯國君王一得到這些美女，果真什麼都不顧了，一天到晚欣賞歌舞、飲酒作樂，甚至三日不上朝。

孔子見此，便向魯國君王苦苦進諫，勸他不要貪戀女色。可是君王不肯接納孔子的意見，認為自己沒有過失，倒埋怨孔子多事。

孔子一看這種情形，覺得魯國沒有可為了，就辭官不做，開始周遊列國，從一個國家到另一個國家，施展他一生的抱負。

所以，當別人提出好的意見，或者揭露你的過失時，自己應當虛心接受，並把他當作最好的朋友、最好的善知識。為什麼呢？因為誰也不願輕易得罪別人，倘若不是出於好心，人家不可能故意挑你的毛病。

其實，即便是再完美的人，也難免會有發現不了的過失，需要經常有人在旁提醒，就像唐太宗以魏徵為鏡。如果聽到說自己過失就生氣、讚揚自己就歡喜，那永遠都無法改正錯誤，言行舉止也會越來越不如法。這樣一來，損友將日益親近你，益友則會漸漸遠離你。

不經逆境，怎能見真情

當自己條件比較好時，很多人都謙恭順從、讚歎有加；而一旦你落魄了、生病了，非常需要人安慰和照顧，此時願意陪伴你的，恐怕是屈指可數。

現實生活中，很難分辨出誰是善友、誰是損友。真正的友情，在順境中難以發現，往往是於逆境中才見真情。

《伊索寓言》中講過一個故事：

兩個朋友行路時遇到一頭熊，路邊只有一棵樹。其中一個立即爬上樹躲了起來；另一個人無路可走，只好躺在地上，摒住呼吸裝死。

熊走近裝死的人，嗅了嗅。因為熊不吃「死人」，於是就走了。

熊走之後，樹上那人下來了，問：「熊剛才對你說了什麼？」

「熊給了我一個簡短的忠告：對於在危險面前把你拋棄的朋友，絕不能與之同行！」

還有一則寓言說：

阿凡提擔任官職時，門庭若市，趨之若鶩者不計其數。

一位鄰居冒昧地問：「你家整天人來人往、車水馬龍，你到底有多少朋友呢？」

阿凡提平靜地回答：「等我削職為民時，再告訴你。」

相信不少人對此也深有體會。當自己條件比較好時，很多人都謙恭順從、讚歎有加；而一旦你落魄了、生病了，非常需要人安慰和照顧，此時願意陪伴你的，恐怕是屈指可數。

這說明了什麼？能同富貴的，不一定是真正的朋友；能共患難的，才是真正的朋友。

寧與君子結怨，不與小人為友

他們為了成辦一件事，總在心裡籌畫盤算，但口中說出來的話，卻彷彿是與此事不沾邊的另一件事。他們喜歡用這種方式達到自己的目的，這即是狡猾者的本性，也是我們常說的「口是心非」。

如今，道貌岸然的狡猾者特別多。他們為了獲得一些利益，比如錢財、名聲、權勢，口口聲聲說是為了救度天下蒼生，為了人們的幸福安樂……乍聽之下，定會為其「毫不利己，專門利人」的胸懷所感動，但落到實處時，卻令人大失所望——他們非但未曾利益別人，甚至為了一己私利，不惜傷害別人。

這種人常說「我一切都是為了你」，但實際上，卻是為了他自己。他們為了成辦一件事，總在心裡籌畫盤算，但口中說出來的話，卻彷彿是與此事不沾邊的另一件事。他們喜歡用這種方式達到自己的目的，這即是狡猾者的本性，也是我們常說的「口是心非」。

關於這樣的狡猾者，古往今來特別多：

古印度有一個憨直老實的人，一次偶然的機會，他得到一個金瓶，卻不知其價值，於是向旁人詢問。一個狡猾的人對他說：「這是金瓶，價格昂貴。我們應該共同擁有它，因為找到金瓶的是你，而發現其價值的是我，所以我也有權利享用。」

憨者覺得有理，便爽快地答應了。他們商量把金瓶埋藏在一個秘密的地方，需要時一起來取。事後，狡猾者心生一計，為獨吞金瓶而將其轉移到別處。過了一段時間，他邀憨者同去挖取金瓶，卻不見金瓶蹤跡。

狡猾者先發制人，對目瞪口呆的憨者大吼：「一定是你把金瓶偷走了。」見對方嚇得愣在那裡，狡猾者於是順水推舟，裝出一副寬宏大量的樣子：「唉，算了！只怪我們運氣不好，金瓶可能是長翅膀飛走了，自認倒楣吧。」

憨者緩過神來，並未按狡猾者制定的「套路」走，突然大聲說道：「我絕對沒偷！否則，當初就不會答應與你共用，肯定是你偷了。」

狡猾者見一招不靈，又使出第二招：「你不承認的話，我們可請國王決斷，弄不好可要坐牢啊！」

狡猾者想以「國王」和「坐牢」來威脅對方，憑自己的小聰明和能言善辯獲勝。但憨者心胸坦蕩，毫無懼色，一口就答應了。

到了國王處，狡猾者搶先陳述經過，並一口咬定是憨者偷了金瓶。幸好國王是位明君，他說：「你的理由不夠充分，我要調查核實。」

狡猾者又說：「我有個好主意，不如明天我們約個時間，一起去埋金瓶的地方詢問土地神。」國王同意了。

狡猾者回到家中，唆使父親假扮土地神。第二天一早，父子倆到了藏金瓶的森林。兒子把父親裝進一截朽木，兩頭堵住，只留了一點供呼吸的縫隙。

一切準備就緒後，他才去與國王等人會合，一起來到藏寶之地。

狡猾者說：「請土地老爺顯靈，指明偷金瓶的人。」

此時，從朽木中傳出了「土地神」的裁決：「是憨者偷的。」國王覺得有些蹊蹺，但默不作聲。

憨者急了，用力推搖朽木：「你說是我偷的，可以把我燒死。但我認為你冤枉了我，所以決定先燒掉你。」說完就從口袋裡掏出火石，撿來樹葉枯枝，要燒這截朽木。

狡猾者見勢不妙，急忙上前阻擋：「不能燒，否則要受懲罰。」憨者一把推開他：「有什麼不能燒的，燒了它之後就燒我。」

火焰盛燃，越來越旺，煙也熏進了木頭裡。「土地神」實在忍受不住了，大喊：「放我出來，我不是土地神。」

至此，狡猾者的陰謀完全失敗，金瓶也回到了憨者手中。

可見，口是心非的狡猾者，常愛故弄玄虛、耍弄伎倆，最終只能是聰明反被聰明誤，害人不成反害己。

在日常生活中，我們寧與君子結怨仇，也莫與小人結親友。因為，即使與正直的君子結下了怨仇，但他們遇到對眾生有利之事，也不會因為與你有矛盾就從中作梗，反而會盡力相助。但狡猾的小人卻截然相反，且不說與其結怨會遭報復，就算與之結為親友，也無法避免他們的暗算。

縱然你真心對他，但因其本性卑劣，也不會懂得知恩圖報。即使你平時一直關心他，但只要偶爾發生一點小摩擦，他就會懷恨在心，一有機會，便會變本加厲地損害你。尤其當涉及切身利益時，他更加會不擇手段。

因此，在與別人交往時，先觀察他的人品非常重要。

老友不可輕拋，新友不能全信

常言道：「美酒越久越香，朋友越老越好。」親近了多年的老友，彼此之間有深厚的情義，不要因為看到對方的一些毛病，就厭惡嫌棄，從而輕易捨棄。

朋友的真正價值，在於有錯誤相互糾正，彼此都向好的方向勉勵。對於無關緊要的事，用不著經常斤斤計較、小題大做。

古人常說「故舊不遺」，就是讓我們要念舊。歷代一些有名的帝王，如漢光武帝劉秀、明太祖朱元璋，雖然貴為天子，卻仍不忘舊情。

比如，朱元璋當了皇帝以後，下令在全國境內尋找年輕時和他一起種田的老朋友田興，並親自寫信致老友：「皇帝是皇帝，朱元璋是朱元璋，你不要以為我做了皇帝就不要老朋友了……」

可是我們身邊有些人，一旦發達了，喜新厭舊的毛病就出來了，新鮮的朋友對自己很有吸引力，老友看上去已索然無味。這些人給人一種薄情寡義的感覺，他們喜歡找「對味兒」的朋友，可得到的卻盡是曲意奉承、居心叵測之輩。就像鵾鶵王，正是因為依靠烏鴉做大臣，才最終把自己毀了。

往昔，鴟鴞與烏鴉累世為仇，相互攻擊，一直沒完沒了。爭鬥中，烏鴉的軍隊總是屢戰屢敗。烏鴉國一位足智多謀的大臣，在仔細分析了敵我情況後，制定出了一條巧勝敵方的妙計。

牠讓別的烏鴉將自己身上的羽毛拔光，扔到一個荒無人煙的地方。當鴟鴞軍隊經過時，禿毛的烏鴉大臣便悲啼哀嚎，高呼救命：「無情無義的烏鴉把我拋棄了！我無依無靠，求你們救救我吧！」

經過盤問，烏鴉大臣說：「我一直勸烏鴉國王，希望兩軍言和。可牠不聽，一怒之下將我害得好慘。」

雖然鴟鴞國的大臣們一致認為這可能是奸計，但鴟鴞國王經不起烏鴉的哀求和甜言蜜語，在一味歌功頌德的「糖衣炮彈」攻擊下，鴟鴞國王破格收留了牠。

之後，烏鴉大臣以各種方法博取國王的歡心，終於爬上了丞相的寶座。

一日，牠對國王說，鴟鴞的巢穴不科學，需要改革：築巢的材料應使用乾柴，裡面墊上細軟的乾草，下面懸空以便通風，這樣晝夜休息都很舒適溫暖，同時因乾燥的緣故，也可免除風濕等惡疾。

鴟鴞國王聽後，大加讚賞，吩咐馬上照辦。

大家都知道，鴟鴞的生活習慣是白天睡覺，晚上外出尋食。一天中午，正當鴟鴞君民在安樂窩中呼呼大睡時，烏鴉大臣點起一支火把，將鴟鴞王國燒得片甲不留。

鴟鴞與烏鴉的故事，告訴我們一個道理：老友不可輕拋，新友不能全信，逐漸建立起來的關係，才能經得起考驗。

愚者學問常宣揚，窮人財富喜炫耀

我們身邊也有很多人，哪怕只有一顆小珊瑚，也要戴在身上最顯眼的地方；一旦得到什麼珠寶，便會立即裝飾於身，興奮之極能達到廢寢忘食的境界。就像藏地一句俗話所說：「愚者學問常宣揚，窮人財富喜炫耀。」

不懂得隱藏功德的人，往往成不了大事。

有些人喜歡炫耀、張揚，有一點能力與學識，便急於表現出來，希望得到眾人的賞識。還有些人，每做一件事，總喜歡將自己的計畫和方法，毫無保留地公之於眾，以顯示自己能力卓越。

像這樣的人，其實幹不了什麼大事。如果遇上嫉妒心強的人，對他心懷不滿，還有可能埋下禍根。

這種人做事常會遇到違緣，非但事情不能成功，反而會被別人陷害和利用。在眾人眼中，他如一張白紙可任意塗抹，需要時提起，不用時拋棄，卻從來不敢委以重任。

就像馬戲團的猴子，機靈聰明、善於模仿，因此被人們利用，充當賺錢取樂的工具。如果猴子懂得隱藏自己，別人不知道牠這個本領，也就不會被隨意擺布了……

不過，愚者生來喜歡賣弄，有一點財富或學問，都要盡數抖摟出來，恨不得在家門口掛牌，廣而告之「我家有銀三百兩」；少有功德之人，也將獎章佩戴於胸前，好讓世人知曉「我是立過功的」；有些研究學問的人，有「一斤」智慧，偏自詡有「兩斤半」，可是到了真正要運用時，卻裡裡外外遍尋不得。

記得上世紀九〇年代初，金銀首飾於內地風靡，成為富裕的一種象徵。有位剛分發到銀行工作的年輕女子，用積攢了一年的薪水，買了一對特大的純金耳環，歡天喜地四處招搖。

時值隆冬，凜冽的寒風迎面撲來，宛如刀割。然而，那女子卻毅然取下溫暖的長圍脖，嫌它礙事擋住了耳環，走路時還昂首挺胸特意晃動那耳環，唯恐別人看不見。

不到一個月，女子便遭遇了變故：

一日下班後，她興沖沖去參加朋友的生日晚宴。迎著夕陽，霞光遍灑大地，照得那副大耳環金光閃爍。

在一段人煙稀少的羊腸小徑上，她陶醉地哼著流行歌曲。突然，一陣撕心裂肺的疼痛襲來——原來，後面來了個男人，硬生生地將她的耳環扯下，轉幾個彎便消失在夕陽的餘暉中了。

年輕女子的耳朵，被拉出兩道口子，鮮血淋漓。她手捂耳朵，歇斯底里地狂叫著去追那人……

多麼慘痛的教訓啊！

我們身邊也有很多人，哪怕只有一顆小珊瑚，也要戴在身上最顯眼的地方；一旦得到什麼珠寶，便會立即裝飾於身，興奮之極能達到廢寢忘食的境界。就像藏地一句俗話所說：「愚者學問常宣揚，窮人財富喜炫耀。」

其實，真正有智慧的人，富而無驕，不論多麼富可敵國，在外面也都顯得平平常常，甚至比一般人更節儉。「大成若缺」、「大智若愚」，這反倒是一種大智慧。

自負的人一定會自取其辱

這個世間上，許多人雖說「術業有專攻」，卻不一定能面面俱到，對一切領域都精通。倘若恃才而驕、妄自尊大，就會「只見樹木，不見森林」，在強中更有強中手的世界裡，最終定會自取其辱。

從前，北天竺有一位巧木匠，技藝超群。他用木頭做了個女人，並為其穿上華美的盛裝，看上去，儼然是個舉世無雙的美女，一笑一顰皆能以假亂真，只是不會講話。

當時，南天竺有位畫家，聲名遠播。木匠聞得畫家的名氣，便請畫家到家中，欲比個高低。兩個人一見面，相互切磋技藝，大有相見恨晚之感。木匠擺上酒宴招待畫家，斟酒、倒茶等雜活，都讓木頭美女做。喝了一天的酒，畫家竟然沒看出「美女」的真偽。

晚上，木匠指著「美女」對畫家說：「就讓她侍候你休息吧。」木匠走後，畫家醉醺醺地看著燈下的「美女」，越看越愛，禁不住連聲喚「美女」到自己身邊來，可是「美女」站在那裡一動不動。

畫家以為姑娘怕羞，就趔趄著前去拉她。沒想到用手一拉，「美女」隨即翻倒，各種木零件撒了一地。畫家大驚失色，酒也醒了一半，方才明白木匠是藉此與自己比技藝。

他心中慚愧，又不想服輸，便掏出畫筆顏料，在牆上畫了一個人，服飾、容貌都和自己一模一樣，脖子上還畫了根繩子，一副懸樑自盡的慘景躍然眼前。他又在嘴巴、鼻子等部位，畫上幾隻蒼蠅。審視良久，畫家滿意地關好房門，鑽到床底下睡覺。

第二天，木匠起床後想起昨天的惡作劇，心中暗暗好笑，疾步前往畫家寢室想看個究竟。只見房門緊閉，木匠使勁敲門卻無回音。他用力把門撞開，見到畫家的「傑作」，以為畫家羞愧難忍而自殺了，心裡很不是滋味，暗自後悔不該和他開這玩笑。

於是，木匠前往王宮，向國王稟告畫家自殺的經過，並請求國王去驗屍。

國王率眾人來到木匠家中，見畫家正懸掛在那裡，就吩咐木匠：「你去把繩子砍斷，將屍體搬出來。」

木匠拿起斧子，使出吃奶的力氣猛砍，只聽見「咚」的一聲，屍體卻未落地，他砍的不是繩子，而是牆壁。眾人呆視良久。

這時，畫家從床底下笑嘻嘻地鑽出來，說明了其中緣由……

由此可知，有些人精通一件事，並不等於精通一切事。會彈拉的不一定會唱，會使刀的不一定會用槍。縱然自己在某一領域卓有建樹，但對於其餘的事物，也可能「目不識丁」，甚至容易上當受騙。

就像天鵝，水和牛奶混在一起時，牠有能力辨別出來，飲用時總是將牛奶全部吸出，只留下清水。儘管有如此高明的「技術」，牠卻也會犯低級錯誤——把自己在水中的倒影，誤當做美食來享用。

每一個人，既有優點也有缺點，對於諸多事物，也是只知其一不知其二。我們對自己懂的東西再精通，也萬萬不要目中無人、得少為足，而應像大海不厭江河多一樣，不斷吸取更多的知識，永遠不要有滿足之時。

不知道就說不知道

知道的就是知道，不知道的就是不知道。做人一定要實事求是，不要明明不知道，卻為了顧及面子，而故弄玄虛、不懂裝懂。

韓愈說過：「人非生而知之者，孰能無惑？」人不是生下來就知道一切的，誰能沒有疑難困惑呢？

只要是人，就必定有不知道的事情。對於這些，我們應虛心多向別人請教。智者謙遜好學、甘拜人師，愚者卻認為這會暴露自己的無知，把詢問當作羞愧之事。

其實，這是沒有必要的。孔子曾云：「知之為知之，不知為不知，是知也。」知道的就是知道，不知道的就是不知道，做人一定要實事求是，不要明明不知道，卻為了顧及面子，而故弄玄虛、不懂裝懂。

丁肇中是諾貝爾物理學獎的得主，一次演講中，別人給他提了三個問題，他都表示「不知道」：「您覺得人類在太空能找到暗物質和反物質嗎？」「不知道。」

「您覺得您從事的科學實驗有什麼經濟價值嗎？」「不知道。」

「您能不能談談物理學未來二十年的發展方向？」「不知道。」

這「三問三不知」，讓在場所有人都感到意外，但不久就贏得全場熱烈的掌聲。

為什麼呢？因為按理來講，丁肇中大可不必說「不知道」。他可以用一些專業性很強的術語糊弄過去，或者說一些不沾邊際的話搪塞過去，但他卻選擇了最老實、最坦誠的回答方式。

這種坦言「不知道」，不但無損於他的科學家形象，反而更凸顯了他嚴謹的治學態度，不禁令人肅然起敬。

不怕你犯錯，就怕你掩飾

無心犯下的過失，稱為「錯誤」；故意去做的壞事，則稱為「罪惡」。「過失沒有功德，但能懺悔清淨是它的功德。」相反，假如有了過錯卻故意掩飾、文過飾非，這只會讓自己又增加一條罪惡。

常言道：「人非聖賢，孰能無過？」人不犯錯是不可能的，但錯了以後，要勇於面對並及時改正，不再犯同樣的錯誤，如此一來，過失就會漸漸歸於無。

所以，有了過失就要懺悔，古人云：「過而能改，善莫大焉。」佛經中也說：「過失沒有功德，但能懺悔清淨是它的功德。」相反，假如有了過錯卻故意掩飾、文過飾非，這只會讓自己又增加一條罪惡。

無心犯下的過失，稱為「錯誤」；故意去做的壞事，則稱為「罪惡」。有些人不是存心做錯事，只因考慮不周，為人處世方法欠妥，以致所做的事情不圓滿，這種情況叫「錯」，而不叫「惡」。

犯錯其實每個人都會有，但能正視它、改正它，並不是人人都能做到的。孔子曾讚歎顏回：「不遷怒，不二過。」顏回每次犯錯，都會深刻反省，並立即改正，同樣的錯誤絕不犯第二次。

有些人也想如此，犯了一次錯誤，就在我面前信誓旦旦：「請再給我一次機會。您看著吧，第二次再犯，我不是人！」

但沒過多久，他又犯了。這時問他：「你還記得原來的話嗎？」他歪著頭想想：「嗯……可不可以再給一次機會？」

一次次地犯錯固然不好，但掩飾錯誤更不應理。古人云：「小人之過也，必文。」「文」就是掩蓋，即小人對於自己所犯下的錯誤，總是千方百計找各種理由加以掩蓋。其實，做人應該光明磊落，如果自己真的錯了，就應該不覆不藏，把過失全部說出來，之後改過自新、重新做人。

倘若一個人知錯能改，讓自己總處於善心的狀態中，這對身體也很有益。

日本有位博士叫江本勝，他自一九九四年起，以高速攝影技術來觀察水的結晶。結果研究發現：「善良、感謝、神聖」等美好訊息，會讓水結晶呈現美麗的圖案；而「怨恨、痛苦、焦躁」等不良訊息，會讓水結晶出現離散醜陋的形狀。

我們人體的組織結構中，大部分都是水。所以，若能時時改過自新，讓自己處在快樂和歡喜之中，身體自然也會長壽延年。

給內心好好整一下容

「與人相處時，隨時隨地若能多講禪話、多聽禪音、多做禪事、多用禪心，就能成為有魅力的人。」

有智慧的女人，不應該捨近求遠，成天追逐外在的裝扮，而應當給內心好好整一下容。這樣的美，才是最令人視而不厭的。

我認識一位居士，她學佛比較虔誠，唯一有個毛病就是極愛打扮。我曾勸她：「你是不是應該把時間用在學佛上？不要太執著外相了。」她搖搖頭說：「不行啊，堪布！沒有化妝的話，我就像個魔女，而化妝了以後，我會變成天女。」

為了化妝打扮，有些人甚至不惜一擲千金。像英國查理斯王子的王妃卡蜜拉，每個月的化妝費是四十萬英鎊，折合台幣一千五百多萬。光是染頭髮一項，每個月就要三千英鎊，折合台幣約十二萬左右。而現在有些人，就算沒有這麼多錢，但把全部工資用來買化妝品，可能也會在所不惜。

實際上，就算你打扮得再動人，「手如柔荑，膚如凝脂，巧笑倩兮，美目盼兮」，但缺乏內涵的話，也不會真正吸引別人。

以前就有一個女人，家境非常富裕，美貌無人能及，但她整日裡鬱鬱寡歡，連個談心的人也沒有。

於是，她去請教無德禪師：「我要怎麼做，才能贏得別人的喜歡？」

無德禪師告訴她：「你與人相處時，隨時隨地若能多講禪話、多聽禪音、多做禪事、多用禪心，就能成為有魅力的人。」

她問道：「禪話怎麼講呢？」

無德禪師回答：「多說讓人歡喜的語言，說真實的語言，說謙虛的語言，說利人的語言。」

她又問：「禪音怎麼聽呢？」

「禪音就是化一切聲音為微妙的聲音，把辱罵的聲音轉為慈悲的聲音，把毀謗的聲音轉為幫助的聲音。當你面對哭聲鬧聲、粗聲醜聲都不介意了，那就是禪音了。」

「那禪事怎麼做呢？」

「禪事就是布施的事、慈善的事、服務的事，合乎佛法的事。」「禪心又是什麼呢？」

「禪心就是你我一如的心，聖凡一致的心，包容一切的心，普利一切的心。」

女人聽後若有所思，以此試著改變自己，終於贏得了眾人的尊重和喜歡。

其實，女人的魅力，是由內散發出來的智慧、慈悲，並不是化妝品、手術刀雕琢出來的精緻面孔。假如一個女人擁有天使般的臉龐，卻是一副魔鬼般的心腸，那再美也會讓人退避三舍。

有智慧的女人，不應該捨近求遠，成天追逐外在的裝扮，而應當給內心好好整一下容。這樣的美，才是最令人視而不厭的。

03

得之我幸，不得我命

被眾人恭敬、名利雙收時，沒必要心生傲慢，因為這個會過去的；窮困潦倒、山窮水盡時，也不必痛苦絕望，因為這個也會過去的。

永遠快樂的保險你買了嗎？

現在，不少人為了安度晚年，都要買醫療保險、養老保險，那你死後永遠快樂的「保險」，不知道買了沒有？

無論是什麼樣的聚合，最後都會面臨分離，這就是無常的規律。

如今，與自己朝夕相處的人，聚在一起只是暫時的因緣，在不久的將來，必定會各分東西。誠如古人所言：「父母恩深終有別，夫妻義重也分離，人生似鳥同林宿，大限來時各自飛。」

我讀過一本叫《哈佛心理課》的書，裡面講了一位在哈佛大學商學院任教九年的傑教授，他後來離開學校時，學生們依依不捨、神情悲傷。於是，教授就給他們講了一個故事：

IBM公司的總裁湯瑪士・華生，原本患有嚴重的心臟病。一次他舊病復發，醫生要求他必須馬上住院治療。華生一聽到這個消息，當下毫不猶豫地拒絕道：「我怎麼會有時間呢？IBM可不是一家小公司！每天有多少事情等我去裁決，沒有我的話……」

「我們出去走走吧！」醫生沒有和他多說，親自開車邀他出去逛逛。

不久，他們就來到近郊的一處墓地，只見醫生指著一個個墳墓說：「你我總有一天要永遠地躺在這兒。沒有了你，你目前的工作還是有人接著做。少了誰，地球都照樣轉。你死後，公司仍然還會照常運作，不會就此關門大吉。」

華生沉默不語。第二天，這位在美國商場上炙手可熱的總裁，就向董事會遞了辭呈，並住院接受治療，出院後又過著雲遊四海的生活。

而ＩＢＭ也沒因此而倒下，至今依然是舉世聞名的大公司。傑教授講了這個故事後，所有的學生也都釋然了。

可見，無常一旦降臨到頭上，誰離了誰都可以活，此時沒必要悲悲戚戚，坦然接受、勇敢面對才是正途。

其實，無常時刻與我們形影不離，每個人一定要有心理準備。甚至哪怕自己再不願死亡，死亡也遲早會來臨。到了那時，就算是最珍愛的身體，也要萬般不捨地留在人間，唯有自己一人隨業力而前往後世。對於這一點，只不過有些學唯物論的人持一種逃避的態度，不願意接受也不願意這樣想而已。

他們總覺得學佛是在逃避，實際上，不承認後世，對下輩子沒有任何打算，才真正是一種逃避。你這一世只有短暫幾十年，死了以後多少萬年、多少世的快樂和痛苦，都取決於這一生的業力。如此重要的事情，你能輕易忽略嗎？

佛教最重要的就是要關心後世。然而，現在的大多數人對此沒有任何概念，包括一些學佛的人，也把佛教看成是獲得今生快樂的捷徑、給心理帶來安樂的手段，至於最關鍵的解脫大事，或者生生世世的快樂和痛苦，自己從來也沒有考慮過。有時候看這個世間，就像月稱論師在《中觀四百論大疏》中所說，整個國家的人都發瘋了，國王最初是清醒的，但眾人看到他與眾不同，紛紛指責他是瘋子。結果國王也不得不喝下毒水，跟他們一樣變成了瘋子。

對有智慧的人來說，學佛其實並不消極，也不落後。不管你承認也好、不承認也罷，前世後世都的的確確存在。既然它是肯定存在的，我們又豈能沒有一個長遠打算？現在，不少人為了安度晚年，都要買醫療保險、養老保險，那你死後永遠快樂的「保險」，不知道買了沒有？

當然，沒有這種信仰的人，不想這些也情有可原。可有些人自稱已皈依佛門多年，甚至是大乘佛教徒，對此都根本不考慮的話，這個問題就非常嚴重了。

如今很多人一提到「死」就退避三舍，給他一講後世有輪迴、地獄，他馬上就捂著耳朵：「不要講！不要講！我害怕，還是快樂點好，我不願意聽這些。」此舉無疑是掩耳盜鈴、自欺欺人，但也由此可見，佛教信仰若想深入到每個人的見解中，確實還存在一段距離。

什麼都想要，會累死你

對生活的標準定得太高，不論是手機、穿戴、住處、車子，都喜歡追求心目中的「最好」。如此一來，欲望是沒有止境的，不管你是否達到了目標，內心都不會感到滿足。

現在大部分的人都覺得，快樂建立在洋房轎車、功名利祿上，每天為此而忙碌地奔波，可是到頭來，快樂的人又有幾個呢？

曾有一則西方寓言說：

有個國王過著錦衣玉食、揮金如土的日子，天下至極的寶物、美色都歸他所有，但他仍然不快樂。

他不知道怎樣才能快樂起來，於是派人找來了御醫。

御醫看了半天，給他開了一個方子說：「你必須在全國找到一個最快樂的人，然後穿上他的襯衫，這樣你就快樂了。」

國王馬上派大臣分頭去找，後來終於找到一個快樂得不可救藥的人。但是，大臣卻向國王稟報說，沒辦法拿回那件能給他帶來快樂的襯衫。

國王非常不高興：「怎麼會這樣？我是一國之君，為什麼連一件襯衫都得不到？」

大臣回答：「那個特別快樂的人是個窮光蛋，他從來都是光著膀子的，連一件襯衫都沒有……」

可見，快樂真的很簡單，對生活的要求越少，就會越快樂。

現在的社會，人們對生活的標準定得太高，不論是手機、穿戴、住處、車子，都喜歡追求心目中的「最好」。如此一來，欲望是沒有止境的，不管你是否達到了目標，內心都不會感到滿足。

生活的輕鬆快樂，要從充實內心做起，而不是盲目地攀比、追求。大千世界，萬種誘惑，什麼都想要，會累死你。該放就放，才會快樂一生。

感謝無常，讓我們少受折磨

當你明白名利的無常，一旦失去就不會覺得天崩地裂；當你懂得感情的無常，遇到變故也不會尋死覓活；當你懂得生命的無常，親人去世也可以坦然面對。

世間萬事萬物，沒有一個是絕對靜止的，全部都在運動變化，這就是佛教所謂的「無常」。正因為無常，我們的快樂不可能永遠，它可以隨時變成痛苦。如《四百論》云：「無常定有損，有損則非樂，故說凡無常，一切皆是苦。」凡是無常的法，就一定會壞滅；只要會壞滅的，則非真正的快樂。

從前，有個公主美麗動人，父王十分疼愛她。她要什麼，父王都會想方設法滿足她。一天下大雨，王宮院子中的積水濺起許多水泡。公主見了非常喜愛，於是向父王要求：「我要用那水泡穿成花鬘，裝飾頭髮。」

國王說：「這是不可能的。」

公主就撒起嬌來，說得不到便要自殺。國王嚇壞了，只得召集全國的巧匠，命令他們給公主製作水泡花鬘。

很多年輕的工匠對此無計可施，特別苦惱。這時，一個老工匠說自己有辦法。國王非常高興，就叫公主親自當「監工」。

老匠人對公主說：「我只會穿鬘，不太懂水泡的美醜，請公主自己挑選。選完了之後，我好給你穿成花鬘。」

公主便興致勃勃地去選水泡。結果忙了半天，一個都沒拿到。最後，她累得筋疲力盡，一轉身跑入王宮，向父王說：「水泡雖然很好看，但拿到手中一刻都留不住，我不要了！」

可見，把無常的東西，執著為常有，殫精竭慮地想得到，這無疑是一種愚癡之舉。

世人的痛苦，皆源於各種錯誤的執著。若能懂得無常之理，對一切不會太執著，痛苦便不會那麼強烈了。比如，當你明白名利的無常，一旦失去就不會覺得天崩地裂；當你懂得感情的無常，遇到變故也不會尋死覓活；當你懂得生命的無常，親人去世也可以坦然面對。

從前在佛陀時代，有一個婦女，丈夫拋棄了她，她唯一的孩子又死了。

這個婦女痛不欲生，抱著孩子的屍體來到佛陀面前。請求佛陀大發慈悲，無論如何要救活孩子，否則，她也不要活在人世上了。

佛陀說：「要救你的孩子並不難，只是你必須向沒死過一人的家裡討一粒芥子，把這個給我，我就能救活這孩子。」

這個婦女就挨家挨戶地找，但沒有一家從來沒有死過人，最後她終於明白了：人總是要死的，死亡對每個人來說，都非常平等。於是對孩子的死，就沒有那麼放不下了。

古人也說：「月有陰晴圓缺，人有悲歡離合。」這就是無常的規律，任何人均無法超越。若能通達這一點，你的人生就會豁然開朗，發生任何變化、遭受任何打擊，也不會萬念俱灰。

三種活法最快樂

「金錢要布施，愛情要奉獻，名聲要服務於眾生，這樣才會終生快樂。」

從前，無德禪師面前來了三位信徒，他們為各自的事情煩惱不已，不知如何才能使自己快樂。

禪師首先問他們：「你們為了什麼而活著？」

第一個信徒說：「因為我不想死。」

第二個信徒說：「因為我想年老時兒孫滿堂。」

第三個信徒說：「因為我有妻子兒女。」

禪師聽後，說：「你們都不會快樂的。」

三個信徒齊聲說：「那我們怎樣才能快樂呢？」禪師反問：「你們認為得到什麼才會快樂？」

第一個信徒說：「我認為有了金錢就會快樂。」

第二個信徒說：「有了愛情就會快樂。」

第三個信徒說：「有了名聲就會快樂。」

禪師答：「有這樣的想法，你們永遠都不會快樂。而且，有了金錢、愛情、名聲之後，煩惱還會接踵而至。」

三人問：「那我們該怎麼辦呢？」

禪師說：「你們先要改變觀念：金錢要布施，愛情要奉獻，名聲要服務於眾生，這樣才會終生快樂。」

從這個小故事中，你明白了些什麼？

越執著，失去越快

實際上，很多人追求的幸福，就像手中的沙子，握得越緊，流失得越快，到頭來很容易空歡喜一場。倒不如懷著一種「得之我幸，不得我命」的心態，在為之努力的同時，對於得到多少，不要過於放在心上，一切隨緣！

曾有個畫家，在白紙上畫了一個點，裝在相框裡，問一些人這是什麼意思。

大家眾說紛紜、莫衷一是，不知道這究竟代表什麼。

其實，它的意義非常深刻：我們若執著於一點，往往會鑽進死胡同，忽略周圍的很多很多，全然沒發現還有大片的空間。

比如，當你執著一個人時，除了他以外，本來還有許多事物可帶來快樂，但如果你一直牽掛他，得不到他，就覺得失去了整個世界。如此不但會讓自己痛苦，也會給對方帶來煩惱。就像執著那個小黑點一樣，明明旁邊的白色空間那麼大，哪裡都可以自由自在地翱翔，卻偏把自己困在一個點上。這樣的結果，絕不會有幸福可言。

美國有位著名的心理學教授，有一次在快下課時，對所有的學生說：「我今天準備做個遊戲，哪位同學願意來幫忙？」

有一位女士上去了，教授要求她把最愛的二十個人的名字寫在黑板上。那位女士就把家人親戚的名字全部寫上，數量不夠，又把鄰居、朋友等都寫了下來。

寫完後，教授讓她把不太喜歡的一個名字擦掉，她就把鄰居的名字擦掉了。然後，教授要求她繼續擦一個、再擦一個……一直擦到最後，只剩下了四個人——她的父母、丈夫和孩子。

教授還要她再擦兩個名字。這時候她有點捨不得，想來想去把父母的名字擦掉了。

教授要她再擦掉一個。她想了很久，將孩子的名字擦掉了。

這時，教授就問她：「你為什麼要這樣？父母對你有養育之恩，孩子是你的親生骨肉，為什麼要擦掉他們？」

這位女士答道：「父母會在我之前先死，孩子會在我死後單獨留下，能陪我共度一生的，只有我的丈夫，所以我對他的執著最大。」

教授說：「如果是這樣，你執著的範圍非常小。在這麼小的範圍內，你對丈夫如此執著，認為他是屬於你的，他的所作所為就會被你控制，覺得沒有自由，就像被關在監獄裡一樣，這樣，他反而可能最先離開你。」

實際上，很多人追求的幸福，就像手中的沙子，握得越緊，流失得越快，到頭來很容易空歡喜一場。倒不如懷著一種「得之我幸，不得我命」的心態，在為之努力的同時，對於得到多少，不要過於放在心上，一切隨緣！

萬事從調心開始

倘若你真懂得一些調心的訣竅，那活在世間上也可以、離開世間也可以；有錢也可以、沒錢也可以；身體有病也可以、沒病也可以，只要能護持這顆心，什麼問題都解決了。

在古印度，國王手下專門有馴服狂象的人。他們通過鐵鉤、繩索等工具，將狂象訓練得十分聽話，身體也變得極其調柔。然而，對馴象者來說，能調伏的只是大象的身，而不是大象的心。這方面，佛經中就講了一則公案：

往昔，一位國王有很多頭狂象，並專門安排人來馴服牠們。有一次，國王準備到森林中打獵，讓馴象者給他一頭馴服好的大象當坐騎。

國王騎著大象來到林中，由於大象嗅到了母象的氣味，便開始瘋狂地追逐母象。萬分緊急之下，國王抓住一棵樹才得以脫險。

國王非常氣憤，回宮後找馴象者算帳。

馴象者說：「實在對不起，我確實已將象的身體馴服。今天發生這種事，主要是因為牠的心沒有調伏。」

「為何你不調伏牠的心？」

「這一點我也無能為力，因為調伏眾生的心，唯有大慈大悲的佛陀才有能力。我只能馴服大象的身體，牠的身體我已調伏，您若不信可親自一試。」

於是，國王派人把大象找回來，在牠面前放一個燃燒的鐵球，命它用鼻子將鐵球捲起。儘管燃燒的鐵球燒壞了大象的身體，但牠仍乖乖地把鐵球捲起來。

見此情景，國王終於相信了馴象者的話。

身體的馴服，一般人都可以做到。有些人通過訓練身體，可以做各種各樣的表演，比如雜技、體操，甚至有些動作看起來非常驚人，他們駕馭起來也遊刃有餘。而對於心的調伏，只有通過修行佛法才能達到。一旦你調伏了自心，把胡思亂想、亂七八糟的心管住了，這才能真正獲得自在。

因此，佛陀說：「調心極善妙，調心得安樂。」若能調伏自己的心，則是最善妙、最安樂的事情了。這一點不光是口頭上說說，更需要實地修持。倘若你真懂得一些調心的訣竅，那活在世間上也可以、離開世間也可以；有錢也可以、沒錢也可以；身體有病也可以、沒病也可以，只要能護持這顆心，什麼問題都解決了。否則，哪怕你擁有能賜予一切的如意寶，也不一定滿足、不一定快樂。

那麼，我們該怎樣調伏自己的心呢？

佛教中的禪修非常有效。禪修有許多方法，其中最簡單的訣竅，就是：先專注盯著一尊佛像，看一會兒再閉目觀想；觀想不起來了，再看一會兒，再閉目觀想……如此不斷訓練，直至觀想得非常明顯、清晰。

這樣做不但可調心養身，緩解生活、工作的壓力，還可以開啟智慧、消除業障，有諸多殊勝的利益。大家不妨一試！

一切都會過去

被眾人恭敬、名利雙收時，沒必要心生傲慢，因為這個會過去的；窮困潦倒、山窮水盡時，也不必痛苦絕望，因為這個也會過去的。現在的一切，總有一天都會過去，不要讓自己活得太計較。

古代有位國王做了個夢，夢裡有人告訴他，只要記住一句話，這一生遇到什麼事情都可以忘懷。他當時特別歡喜，但醒來後就忘了。

國王非常傷心，傾盡宮中所有錢財，打造了一個大鑽戒，並召集有智慧的大臣說：「你們誰能把這話找回來，我就把這個鑽戒賞給誰。」

過了兩天，一位老臣跟他說：「國王，請把鑽戒給我。」

國王問：「你是不是已經知道了？」

老臣不說話，拿過鑽戒來，在戒環上刻了一句話，又把鑽戒還給國王，揚長而去。

國王一看，恍然記起夢中正是這句話——「一切都會過去的！」從此，國王牢牢記住這句箴言，一生中不管遇到什麼，都不會特別執著。因為他知道，光榮輝煌、恥辱失敗、財富名利……眼前所出現的一切，終究都會過去的。

其實我們也應如此，每個人的人生旅途，不可能永遠一帆風順，對於種種得失榮辱，用不著太放在心上。被眾人恭敬、名利雙收時，沒必要心生傲慢，因為這個會過去的；窮困潦倒、山窮水盡時，也不必痛苦絕望，因為這個也會過去的。

寵辱不驚、笑看成敗，這才是人生的一種境界。

幸福是怎樣煉成的

第一、幸福感是暫時的；第二、幸福感是遞減的；第三、獲得幸福的經歷越曲折，幸福感會越大；第四、沒有渴求就沒有幸福；第五、幸福是需要感覺的；第六、幸福感的獲得，需要有愉悅的心情。

幸福是什麼呢？

古人在造字時，就已告訴我們了答案。「幸」字，上方是「土」，下方是錢的符號「¥」；「福」字，左邊是「衣」，右上是「一口」，右下是「田」。也就是說，有地、有錢、有衣、有食，而且全家團團圓圓，這就是幸福。

但幸福真的只建立在物質上嗎？

有人認為：有錢就會帶來幸福。但我認識很多有錢人，他們並沒有感到快樂。

一次，我遇到一位企業家。他四十多歲，衣冠楚楚、事業有成，卻常流露出憂慮、抑鬱、沉重的神情。

我問：「除去成本的話，你一個月能賺多少錢？」「一億沒有問題。」

「你心裡快樂嗎？」「還行，但我還想做大。」

不久後，在一個小麵館裡，我見到一位五十來歲的老闆娘。當時天色已晚，她關了麵館的門，轉身從油膩的圍裙兜裡掏出一堆小錢來，一張一張仔細、麻利地數著。

我問：「你一天能賺多少錢？」「也就一百來塊吧。」「未來有什麼計畫嗎？」「我還想做大。」

可見，「做大」是好多人的夢想。這種想法雖然無可厚非，但做大了以後，錢賺得多了，反而讓自己為欲望所累，不一定會真正幸福。

還有人認為：感情可以帶來幸福。若找到一個心儀之人，和自己心心相印、相伴一生，就是這輩子最大的快樂。

也有人認為：健康可以帶來幸福。我就認識一位老人，經常供養僧眾、捐贈慈善基金，他這樣做沒有別的想法，只求家裡平平安安、身體健健康康。

……

綜上所述，幸福因人的價值觀不同而呈現千差萬別之貌。但相同的是，幸福都是人們內心的一種滿足，都在心上安立。

那麼，怎樣才能得到幸福呢？

哲學家蘇格拉底、柏拉圖、黑格爾都認為，人類應該用理性的方式來尋求幸福，否則，建立在感性上的幸福，只是一時衝動，會轉瞬即逝。所以，我們首先理性地認識一下幸福。

現代幸福學家認為，幸福具備六個特點：

第一、幸福感是暫時的

儘管人人都希望幸福永不褪色，但遺憾的是，隨著時間的流逝，對於能讓自己幸福的事物，慢慢習慣了以後，就沒有什麼新鮮感了，幸福感也會日益淡化。

比如，當你坐在剛裝修的新家裡，環顧四周會欣喜若狂，但不久，這種感覺會漸漸消失；一個人新婚燕爾之時，認為他是世界上最幸福的人，但多年以後，他不僅感覺婚姻平淡，甚至還可能與愛侶形同陌路。所以，幸福感並不是持久不變的。

第二、幸福感是遞減的

當你得到渴求的某個東西時，最初覺得特別幸福。但再次獲得這個時，幸福感會大不如前。當達到足夠多的次數時，幸福感也就變為零了。

第三、獲得幸福的經歷越曲折，幸福感會越大

如果某個東西來之不易，得到時才會激動萬分。比如一個人磕長頭到拉薩，一路上歷盡千難萬苦，終於到達目的地時，他會無比幸福、喜極而泣。

第四、沒有渴求就沒有幸福

你喜歡某一樣東西，對它念念不忘，得到時會喜不自禁，但如果你對一件事物沒有渴求，它就不會給你帶來幸福。試問，不愛糖的人給他糖，他會覺得幸福嗎？

第五、幸福是需要感覺的

一個人住在簡陋的小茅棚裡，另一個人住在豪華的別墅中。住茅棚的人非常滿足，身心洋溢著幸福；而住別墅的人，雖然生活奢華，卻沒有心滿意足，這就不叫幸福。

第六、幸福感的獲得，需要有愉悅的心情

如果你的渴求獲得了滿足，但此時的你，沉浸在對其他事件的悲痛中，仍然難以獲得幸福。

由此可見，幸福雖然與外在環境有關聯，但歸根結底，還是要從內心尋覓。

既然幸福在我們心中，它就並不遙遠，只待用心去感悟。如果沒有意識到這一點，把幸福一味寄託在外物上，那即使奔波了一輩子，也不一定能得到，反而讓自己離幸福越來越遠。

畢竟，人的欲望是永無止境的。佛經中說，縱然天上降下珍寶之雨，縱然世間妙欲被一人獨享，貪欲大的人，也不會感到滿足。我見過很多成功的企業家，他們享有財富與盛名，卻依然不斷地尋尋覓覓，內心始終沒有滿足，時常處於焦慮、空虛中，不知幸福為何物。

從前也有一位富人，揹著金銀財寶，到遠方去尋找幸福。可是他走遍了千山萬水，也未能找到幸福。當他沮喪地坐在路旁時，正好遇到一個農夫。

富翁說：「我一直在尋找幸福，實在是找不到，怎麼辦？」農夫擦著汗，放下沉甸甸的柴，說：「放下就是幸福！」

富翁頓時醒悟，當天晚上也睡得很香。

人生在世，往往有太多的放不下。如果有一顆知足的心，懂得「得失從緣，心無增減」，即使自己的人生不完美，目標不能完全實現，也會牢牢抓住幸福的翅膀。

所以，何時放下了，何時就會滿足，何時才會幸福。

蓮藕是佛陀加持過的食物

蓮藕真是好東西，具有不可思議的加持力。吃它，對身體有幫助；學習它的精神，對心有幫助。可謂一舉兩得！

前不久，有人買了幾節白嫩的蓮藕，放在桌上，勾引著我的食欲。見我很感興趣，他便將蓮藕生長的因緣、功效，一一向我傳授。

聽後方知：蓮藕具有很高的藥用價值，生吃能清熱潤肺，涼血行瘀；熟食可健脾開胃，止瀉益血，安神健腦，具有延年益壽之功效。

孔子曰：「三人行，必有我師。」和這種見多識廣的人在一起，真的很愉快。從他那裡，我的確學到了不少知識。

蓮生於淤泥而一塵不染，中通外直，不蔓不枝。「中通」代表其謙遜的品德，「外直」代表其正直的個性，「不蔓不枝」說明其不具分別念、不向外攀緣的特點。所以，蓮的根部——蓮藕，也自古就深受人們喜愛。詩人韓愈曾有「冷比霜雪甘比蜜，一片入口沉屙痊」之讚。漢代司馬相如的《上林賦》中，也有「與波搖盪，奄薄水渚，唼喋菁藻，咀嚼菱藕」之語。

同時，蓮藕還是前輩許多修行人苦行時的食品。

《釋迦牟尼佛廣傳》中記載：佛陀在因地時，曾轉世為一婆羅門，當他在山上苦修時，主要的食物就是蓮藕。

蓮藕真是好東西，具有不可思議的加持力。吃它，對身體有幫助；學習它的精神，對心有幫助。可謂一舉兩得！世上還有什麼食物比它更好呢？

今後，我要多吃蓮藕，因為它是佛陀曾加持過的食物。

04 感恩逆境

愚鈍懦弱的人，在遭受坎坷時，總是叫苦不迭、怨天尤人。而有智慧的人，遇到逆境時臨危不懼、毫不軟弱，完全可以憑智慧來保護自己。

我只希望我的事情失敗

「繞遠路，走錯路的結果，就恰如迷路走入深山，當別人為你的危險焦急惋惜之際，你卻採集了一些珍奇的花果，獲得了一些罕見的鳥獸。而且你多認了一段路，多鍛鍊出一分堅強與膽量。」

世間上，不管是市井白丁，還是達官貴胄，人人在為所追求的東西拼搏時，都務求一帆風順，不願有半點挫折。然而，失敗未必一無是處，有句古訓說得好：「禍兮福所倚，福兮禍所伏。」

高僧弘一法師在《南閩十年之夢影》中曾說：「我的心情是很特別的，我只希望我的事情失敗。因為事情失敗和不完滿，這才使我發大慚愧，曉得自己的德行欠缺、修養不足，那我才可努力用功，努力改過遷善。無論什麼事情，總希望它失敗，失敗才會發大慚愧。倘若因成功而得意，那就不得了啦！」

我特別喜歡這段文字，這種有悖常人的思維，正說明了法師的謙遜與大智大悟。

無垢光尊者在《訣竅寶藏論》中，講過一個甚深訣竅：「滅除我執恆自取失敗。」朗日塘巴尊者也有「虧損失敗自取受，利益勝利奉獻他」的教誡，與弘一法師的話相比，實有異曲同工之妙。不怕失敗，敢於失敗，真為大丈夫之膽識。

關於如何面對失敗，世間有不少以辯證眼光看問題的格言，如「塞翁失馬，焉知非福」、「生於憂患，死於安樂」……作家羅蘭也說：「在人生途中，你每走一步，就必定會得一步的經驗。不管這一步是對還是錯，對，有對的收穫；錯，有錯的教訓。繞遠路、走錯路的結果，就恰如迷路走入深山，當別人為你的安危焦慮之際，你卻採集了一些珍奇的花果，獲得了一些罕見的鳥獸。而且你多認了一段路，多鍛鍊出一分堅強與膽量。」

所以，失敗並沒什麼可怕，若能勇敢地接受它，就會品嘗到其中的甘甜。

學會借力，甩掉逆境

一個沒有能力、十分軟弱的人，僅憑個人力量極難成事，但若找個強而有力的靠山，事情往往容易成功。就如同一滴水，本來非常渺小，但當它匯入了大海，與之融為一體，這滴水就永遠不會乾涸。

從前，山裡有個很好的水池，池水清澈透底、甘美香醇，四周果樹環繞，一群兔子在這裡悠閒地生活。

一年夏天特別炎熱，幾頭大象為了躲避烈日的炙烤，東奔西竄，無意中發現了這愜意的水池，便迫不及待地跳進去。池水被攪得渾濁不堪，繼而小草伏地、花兒折腰，滿目狼藉。

兔子們強烈要求象群離開，但蠻橫無理的大象，絲毫不把這些軟弱的抗議者放在眼裡，索性把兔子統統趕走，霸占了水池。

兔子憤憤離去，卻又不甘心，便聚在一起想辦法。其中一隻特別聰明的兔子計上心來：牠讓幾隻兔子累疊起來，把自己送到水池邊一棵大樹上。

晚上大象又來喝水，忽聽空中傳來一聲怒喝：「站住！不准你們再進水池！」象群有些驚訝，就問誰在說話。

那個聲音說：「我是月亮派來的使者，天上地下的兔子都是他的眷屬。如今你們欺負地上的兔子，月亮非常震怒，命令你們將水池交還兔子，馬上離開此地。否則，他今晚就要放出比太陽還要熾熱的光，把你們都熱死！」

大象本來怕熱，聽說月亮要讓牠們晚上也得不到清涼，更加害怕起來。

大象抬頭一看，月亮上果然有個兔子的形象，還有一棵樹。接著那聲音又響起來：「現在月亮缺了一道口，已經開始收回涼光了。月亮會一天比一天小，最後就開始發熱光。」

大象再仔細一看，可不得了，月亮真缺了道口子。於是，象群驚慌失措，紛紛求情，願意馬上離開，誓不再犯。

那聲音又說：「我去回稟月亮，請他明天把缺口補上。」大象為了表示決心，在水池邊一刻都不敢停留，全部離開了這片森林。

第二天，正好是十五月圓之日，大象們見月亮「恢復」了圓滿，個個歡喜不已，從此再也不敢侵犯那個水池了。

其實，不僅僅是寓言故事，在歷史上，弱者依靠強者而成功的事例，也可謂俯拾即是。

昔日，漢高祖初立的太子，為呂后所生之子劉盈。後來，漢高祖因寵愛戚姬，想廢掉太子，改立戚姬之子。

呂后得知此事，焦慮萬分。劉盈也急得坐立不安，但由於自己和母親沒有強大的勢力做後盾，也只能唉聲歎氣。

呂后不得已，只好去問張良。張良說：「若太子能把商山四皓請來，皇帝就不敢廢他了。」商山四皓，是從秦始皇時期就當隱士的四位老人，不僅學問深、名氣大，而且品德高尚。漢高祖幾次想請他們出來幫忙治理國家，都遭到拒絕。因為漢高祖在得天下前，對有學識的人不尊重，好謾罵、喜粗語，商山四皓認為他不會禮賢下士。

得此良策，呂后教劉盈對商山四皓恭敬謙卑，終於把他們請來尊為上賓。

漢高祖見此情形，只好告訴戚姬：「太子黨羽已成，連朕請不到的商山四皓，都被他請來了，改立太子的事就免談了。」

可見，聰明的人只要善於借力，便可化解危機，成辦諸事。

今日苦乃昨日種

「紅塵白浪兩茫茫，忍辱柔和是妙方。」在這滾滾的紅塵俗世中，忍辱柔和是為人處世的一劑良方。如果這個看不慣、那個聽不慣，整天活在憤世嫉俗當中，真的特別累！

每個人如今所遭遇的一切，都有它特定的因緣，絕不是無緣無故的。

我曾在泰國看過一本《法句經》的講義，裡面就有一則公案，很能說明這個問題：很久以前，一個婦女餵養了一隻母雞，母雞辛辛苦苦生蛋孵出小雞後，那個婦女便將小雞全部吃掉。母雞為此懷恨在心，並發下惡願：「這個惡女人，總是吃掉我的孩子，來世我也要吃你的孩子！」

因果願力是不虛的，婦女後來投生成一隻大母雞，那隻母雞投生為貓。因前世的業力，每當大母雞孵出孩子，貓便去全部將牠們吃光。大母雞同樣也生了嗔恨，而發下惡願：「這個惡貓，總是吃掉我的孩子，來世我也要如此！」

這對冤家死後，貓投生為母鹿，大母雞投生為豹子。母鹿生的小鹿，豹子便會毫不留情地吃掉。

輪迴的悲劇，不斷反覆地上演……

到了釋迦牟尼佛出世時，母鹿因惡願變成一羅剎女，豹子則投生為女人。羅剎女又去吃女人的小孩，女人惶恐萬分地抱著孩子，逃到佛陀前去尋求救護。

這對冤家一追一逃，到了佛陀跟前。佛陀慈悲加持，使這對多世的冤家安靜了下來，然後給她們說法，令其明白前世的惡緣。依靠佛陀的力量，她們終於了結宿怨，擺脫了繼續相殘的命運。

在輪迴中，如此冤冤相報的現象，多得實在無法計數。所以，我們在遇到惡緣時，也應意識到這是自己的惡業現前，不要以怨報怨、再結新殃，否則，「母雞與貓」的悲劇就會無休止地上演。

很多人的安忍力非常差，不要說別人傷害自己，就是說幾句難聽的話，自己也會怒火中燒、火冒三丈。其實，我們沒必要如此計較。憨山大師曾言：「紅塵白浪兩茫茫，忍辱柔和是妙方。」在這滾滾的紅塵俗世中，忍辱柔和是為人處世的一劑良方。如果這個看不慣、那個聽不慣，整天活在憤世嫉俗當中，真的特別累！

實際上，人與人之間有一點摩擦，應該早點把它忘得一乾二淨。即使有些人在公共場合謾罵你、侮辱你、誹謗你，你也要披上安忍的鎧甲，「忍一時風平浪靜，退一步海闊天空」。

當然，這說起來簡單，可事情落到自己頭上時，許多人因為「肚子」太小，根本沒辦法包容。不像彌勒佛的「大肚」，可以容得下一切。有一副描寫彌勒佛的對聯非常好，上聯是「大肚能容，容天下難容之事」，下聯是「開口便笑，笑世上可笑之人」，大家也應常以此對照自己。

在漢地歷史上，布袋和尚據說是彌勒佛的化身。當年別人用惡語來罵他，他笑嘻嘻地直叫好；用棍棒來打他，他馬上倒下去，省得別人費力氣；把口水吐到他臉上，他也不去擦，任口水自然乾……

我們很多人可不是這樣，不要說口水吐到臉上，就連洗臉水倒在自己的鞋上，也是氣得要命，當下就口不擇言，該說的、不該說的全部說出來了，為一點小事鬧得頭破血流。這樣的話，難道事後不覺得後悔嗎？

忍是世上最難的修行

最難行持的苦行是什麼？就是當我們面對無緣無故的羞辱、無中生有的誹謗，或有人以百般手段來折磨自己，這時候還能忍得下來。

忍，是人生中最難修的。俗話說：「忍字高來忍字高，忍字頭上一把刀。」《入菩薩行論》中也說：「罪惡莫過嗔，難行莫勝忍。」所有的罪惡中，沒有一個像嗔心那麼可怕的；所有的苦行中，沒有一個像安忍那樣難行的。

世上有各種各樣的苦行，如外道有絕食等無意義苦行，佛教中有守八關齋戒及為了修法的苦行，但比較而言，這些苦都算不得什麼，只是身體受些磨難罷了。最難行持的苦行是什麼？就是當我們面對無緣無故的羞辱、無中生有的誹謗，或有人以百般手段來折磨自己，這時候還能忍得下來。

但即便困難，我們也要依靠眾多道理，千方百計地努力修安忍。往昔，釋迦牟尼佛轉生為一仙人，名叫忍力，他發願永遠不對眾生起嗔心。當時有一魔王為了摧毀他的修行，故意幻化出一千人，用惡毒的語言詛咒他，用妄語肆意誹謗他，大庭廣眾中，用難以啟齒的言詞羞辱他。當他前往城市時，這些人還把大糞澆在他的頭上、衣上、缽裡，用掃帚猛擊其頭……

這些人時時處處加害他，但不管別人如何待他，忍力仙人從未怒目相向，也從未想過以牙還牙，甚至連「我到底做錯什麼」之類的話也沒說。他只是暗自發願：「以此修安忍的功德，迴向無上菩提。等我成佛之後，一定要先度化這些人！」

作為佛陀的隨學者，我們也應以此時時提醒自己。

要知道，嗔心與慈悲心直接相違。大乘佛法的主要目標，就是利益眾生、幫助眾生，可是一旦有了嗔心，不但不願意利益眾生，反而還想傷害他們，此舉與大乘教義完全相悖。因此，在所有的罪惡中，再沒有比嗔心更嚴重的了。

話雖如此，可是一旦逆境現前，真正能做到也不容易。日本的白隱禪師，就以安忍而著稱於世。曾有位姑娘與一男子有染，生下一子。姑娘怕虔信佛法的父母譴責，就告訴父母，此事乃白隱禪師所為，因父母對禪師一直尊敬有加，她以為這樣做可免父母責難。

不明真相的父母，聽信了女兒的謊言，抱著剛生下的嬰兒扔給禪師，罵道：「你這個敗壞佛門的假和尚，以前沒看清你的醜惡面目，蒙受你的欺騙，沒想到你竟做出如此禽獸不如的事。這是你的兒子，拿去吧！」禪師淡淡地說了聲：「是這樣嗎？」就默默地接過孩子。

父母更以為沒有冤枉禪師，將此事到處傳播。不多久，人們都知道了禪師的「醜惡行徑」，紛紛白眼相視。

禪師抱著柔弱的嬰兒，到剛生過孩子的人家乞求奶水。那些人說：「哼！要不是看在孩子可憐的份上，才不會給你呢！」

時間一天天過去了，姑娘的良心備受煎熬。她不想再看到人們對禪師的不公正待遇，終於向父母坦白了一切。

父母萬分羞愧地來到禪師面前懺悔。禪師聽後，仍是那句話：「是這樣嗎？」

試想，假如換作是我們，會這樣淡而化之嗎？

「忍」要經得起考驗

有些人在修安忍時，過了一段時間，感覺修行不錯，好像到了一定的境界，就開始沾沾自喜起來。其實，你沒必要高興過早，有時候，這種境界不一定經得起考驗。

以前有一位老人，他脾氣不太好，為了讓自己不生嗔，就在客廳寫下「百忍堂」三個大字，以此來提醒自己要安忍。

過了不久，他自認為安忍修得不錯，對此相當滿意，逢人便開始誇耀。

一天，有個乞丐為了試探他，故意來到客廳裡，裝作不知道地問：「這三個字怎麼讀？」

他微笑著回答：「百忍堂。」

「噢，百忍堂。」乞丐重複念了一遍，然後就出去了。

過了一會兒，乞丐又回來問：「實在抱歉，我忘了它叫什麼，您可不可以再說一遍？」

老人有點不耐煩，沒好氣地說：「百忍堂。」

「好好好，謝謝你。」

過一會兒，他又回來，再次問同樣的問題。

老人特別生氣，吼道：「難道三個字都記不住嗎？是百忍堂！」乞丐聽了，笑笑說：「噢——原來是不忍堂！」

可見，安忍是最難修的，別人稍不中意的語言或行為，就能讓自己的嗔心一觸即發。

還有一個故事，也講了同樣的道理：

有位久經沙場的將軍，已厭倦戰爭，專程到宗杲禪師處要求出家。禪師說：「不要著急，慢慢來。」

將軍祈求道：「我現在什麼都放得下，妻子、兒女、家庭都不是問題，請您即刻為我剃度吧！」

禪師勸他：「慢慢再說吧。」將軍沒有辦法，只好回去。

某日，將軍起了個大早，跑到寺院裡禮佛。宗杲禪師一見他，便問：「將軍為何這麼早就來拜佛？」

將軍說：「為除心頭火，起早禮師尊。」

禪師開玩笑地回道：「起得這麼早，不怕妻偷人？」

將軍一聽非常生氣，罵道：「你這老怪物，講話太傷人！」

禪師哈哈一笑：「輕輕一撥扇，性火又燃燒。如此暴躁氣，怎算放得下？」

從上面的故事可以看出，凡夫不能過早地說大話，自認為一切都看得破、放得下，可是一碰到違緣，什麼境界都一掃而光了。

八風吹不動

如今很多人，喜歡口口聲聲說：「一切得失都不存在。」但實際上，他平時的所作所為，完全是為了「得」而奔波、害怕「失」而操勞，有各種各樣的得失和猶豫。

得與失、樂與憂、美言與惡語、讚歎與詆毀，這叫做「八風」，又名「世間八法」。人們往往願意接受正面的四種，而不願接受反面的四種。有人對自己正面讚歎了，就會很高興；有人負面評價自己了，就會產生嗔怒。我們的情緒，常隨世間八法而起起落落，所以一定要想方設法加以平息。

當然，光是口頭上說平息，這人人都會。但在生活中真正面對時，大部分人卻很難把持自己。

蘇東坡就是一個很好的例子。他被派往江北瓜州任職時，與好朋友佛印禪師的金山寺，只有一江之隔。所以，他常和佛印禪師談禪說道。

一天，蘇東坡坐禪頗有心得，立即提筆賦詩一首：「稽首天中天，毫光照大千，八風吹不動，端坐紫金蓮。」這詩表面是在讚歎佛菩薩，實則為自喻，說他不為八風所動。

寫完之後，他很是得意，滿心歡喜地派書童送往佛印禪師處，以求印證。禪師看後，批了兩個字，就叫書童帶了回去。

蘇東坡滿以為禪師會讚歎自己，急忙打開批示，只見上面竟然寫著：「放屁！」他氣壞了，當即乘船過江，找禪師理論。沒想到，禪師早在寺院門口恭候他了。

蘇東坡來勢洶洶，一見禪師就劈頭蓋臉地質問：「我一直拿你當至交好友。我的修行境界，你不認可也就罷了，怎麼可以罵人呢？」

禪師若無其事地說：「怎麼罵你呀？」他就把這兩個字拿給禪師看。

禪師見後，哈哈大笑，說道：「八風吹不動，一屁過江來。」蘇東坡算是利根者，當下醒悟，十分慚愧。

如今很多人，喜歡口口聲聲說：「一切得失都不存在。」但實際上，他平時的所作所為，完全是為了「得」而奔波、害怕「失」而操勞，有各種各樣的得失和猶豫。

世人很容易被八風所動，所以，只有證悟了空性，一切虛幻才會全部消失，才能達到八法吹不動的境界。無垢光尊者在《心性休息》中亦云：「觀察空性如虛空，喜憂得失善惡無。」

退一步說，就算沒有證悟空性，但若了知世間一切如過眼雲煙，也可以斷除很大的執著，不隨外境所轉，做到「寵辱不驚，閑看庭前花開花落；去留無意，漫隨天外雲卷雲舒」。

相信報應，方能苦從甘來

這個五光十色的世界中，有些人財勢富足，有些人卻窮困潦倒，連基本溫飽都無法保證；有些人長相端莊，有些人卻醜陋不堪，屢遭眾人嫌棄；有些人生活幸福美滿，有些人卻一生受盡煎熬……他們各自不同的命運，並非無緣無故，也不是老天賜予，而完全是自作自受。

《現代因果實錄》中講了一個故事：

作者到國外旅遊時，朋友請他到某地有名的娛樂園觀光。娛樂園門口有輛豪華馬車，有一匹純白色的馬，體態非常健美，沿著固定路線拉遊客，飽覽迷人的風光。

他早上去時，看見馬的精神非常不錯，到了黃昏時，見牠依舊在拉送遊客，此時已沒有了神采，耷拉著腦袋，顯得疲憊不堪。算了一下，從早晨到現在至少十二個小時了，他不由地想：「這匹馬前世究竟種了什麼因，生得這麼俊美，卻在此整天拉遊客，難道牠前生會欠下那麼多人的債嗎？」

他對馬生起極大的悲心，回國之後，特意為此事請教一位老和尚。老和尚說：「這匹馬過去世是一個白人奴隸主，在他的莊園裡有一百多黑人奴隸工作，受盡了他的欺凌壓榨。他死後墮入地獄受報，地獄報盡，現在又淪為旁生。他罪孽深重，不知還要當牛做馬多少次。就是將來轉生為人，也是貧窮卑下，苦不堪言。」

可見，因果確實非常可怕！

或許有人會問：「如果因果真的存在，為什麼有些人做好事卻沒有善報，有些人造惡卻沒有惡報呢？」這個道理其實很簡單，就像農民春天播種時，不會馬上看見果實一樣，一個人行善或造惡的因與果之間，也需要一定的時間。

但因果終究是不虛的，只要造了「因」，「果」早晚都會成熟。有些人抱怨自己善事做得越多，生意越不順利，越來越虧本，實際上並不是這樣。就相當於農民種莊稼，今天剛種下去，明天就想收青稞、收麥子，是不可能的事！龍猛菩薩也說：所謂的業力，並不像用刀割身體即刻出血那樣，立即就會感受果報，但是在因緣聚合時，往昔所造的善惡之果，必定會絲毫不爽地現前。

我們今生的貧窮或富裕，實際上跟前世所造的業有關；下一世的痛苦或快樂，則與今生所造的業緊密相連。佛經中說：「欲知前世因，今生受者是；欲知後世果，今生作者是。」如是因，如是果，因果是絲毫不爽的。現在不少人想知道自己的前世如何，其實這用不著問別人，只要看看你的今生就知道了。

這一點，現在有些人也非常認可。記得有一次我生病了，遵照醫囑必須每天接受按摩。由於每天接觸，有個按摩師和我混得很熟，他不但手藝高超，而且十分健談。

他曾深有感觸地告訴我：「你們學佛的都說因果報應，我觀察了很多，真的是不爽啊！我隔壁的主人不孝父母，結果老婆跟人跑了。我也不知前世造了什麼惡業，今生變成瞎子，但也不知造了什麼善業，讓我擁有這份手藝，可以衣食無憂……看來，因果這東西叫人不得不信。」

他的話讓我沉思良久，世間有些身體健全的人，卻往往不如一個盲人。他們不知因果，肆意造惡，厄運降臨時怨天尤人，殊不知這一切善惡因緣，皆是自己所為。

如果人人都能像這個按摩師一樣相信因果，我想世界也會因此而多一些美好，少一些醜惡。

人有善念，天必佑之

我們來到人間，每個人都有天神保護，只不過自己不知道而已。中陰法門等密法中講過：「人的身上有許多與生俱來的神，如肩神、護神、白護神、黑護神……」

我曾聽到有位上師說：「現在的人，好像沒有一個順利的——今天這個不順，家裡發生了事情；明天那個不順，工作上遇到了挫折……他們平時為了自己而害別人，又怎麼會順利呢？求了多少天尊也沒用。」

的確，諸佛菩薩肯定有加持，護法聖尊也肯定有威力，但你自己是什麼樣的人呢？不少人可能忽略了這個問題。

要知道，不管是什麼人，若能知恩報恩、深信因果，不僅世人會恭敬他、幫助他，具有神通的護法天尊，也能完全了知他的心，饒益他就更不用說了。

我們來到人間，每個人都有天神保護，只不過自己不知道而已。中陰法門等密法中講過：「人的身上有許多與生俱來的神，如肩神、護神、白護神、黑護神……」

打卦也常有這樣的情況。比如，從卦象上看，某人最近遇到了不順，原因是觸怒了肩神、護神，或者地神，需要念什麼經來遮除。可見，這些天尊是真實存在的。

當然，若想得到天尊護佑，行為高尚非常重要，印光大師曾講過一個故事：明末李自成率軍起義，老百姓家破人亡、流離失散。有個姓袁的人，因逃難時與兒子失散，後來想娶一妾以續香火。

他買回一個女子，進房便見她傷心地哭。袁公問她什麼緣故，女子回答：「家中窮得沒飯吃，丈夫餓極要自殺，所以我才賣身救夫。回想起來，我倆平日感情甚好，現在卻活生生分離，怎不教人傷心？」袁公聽了很感傷，天亮後將其送回家，又贈銀一百兩，叫夫妻倆做小生意度日。

夫妻倆非常感激，打算買一好女人，給袁公做妾生子，但一直沒有找到。後來見一相貌端正的孩子要出賣，他們想：「未得女子，先買一童子服侍袁公吧。」於是把那孩子買下來，送到袁家。袁公細看再三，竟是失散多年的兒子。行善的報應，就是這麼快、這麼巧！

當然，這種情況，並非人人身上都會發生。但只要自己心存善念、多行善舉，福報絕對會以各種方式出現。

世人喜歡追求名聲、地位、財富，可是沒有一定的福報，這無異於緣木求魚。因為福報之樹，永遠紮根於善良的泥土中，這是它生存的唯一環境。如今有些人所享受的福報，也都是前世行善得來的。假如沒有行善的「因」，福報的「果」絕不會產生。

知道這個道理後，求名利、求平安的人，應常處於善良的心性中，若能如此，福分便會不求自來。否則，為了名聲、財富不擇手段，縱然依靠前世所積的福分，暫時讓自己得償所願，但這個享完之後，生生世世都會處於痛苦之中。

智慧駛得萬年船

愚鈍懦弱的人，在遭受坎坷時，總是叫苦不迭、怨天尤人。而有智慧的人，遇到逆境時臨危不懼、毫不軟弱，完全可以憑智慧來保護自己。

從前，吾仗那國有一位婆羅門子，幼年喪父，與母親相依為命。他們家境非常貧寒，只有一隻山羊，村裡人都鄙視、欺辱他們，其中有個盜賊尤為倡狂。婆羅門子忍不下這口氣，於是準備懲治這個惡人。

首先，他借了很多財寶，放在家中最顯眼的地方，然後請盜賊來作客。盜賊看到財寶，貪心大起，一邊吃飯，一邊打主意如何將財寶竊為己有。

夜晚，盜賊潛入婆羅門子家。剛下手，就被藏於暗處的婆羅門子抓住，並揚言要將他交給國王處治。盜賊非常害怕，主動交出五百個金幣做罰金，請求饒恕。婆羅門子見已達到目的，就把他放了。

婆羅門子認識到家鄉人的心機險惡，便和母親一起遷居他鄉。當經過曾欺負他們的財主家門前時，他心生一計，把羊牽到樹林裡，用樹葉把所有金幣包起來，讓羊吞到肚子裡，然後到財主家請求借宿。

財主起初不肯答應，正要回屋時，瞟見他手中牽的羊肚子特別大，就問是什麼原因。

婆羅門子告訴他：「這是如意寶羊，能夠隨意賜予財物，所以和俗羊不同。」說罷，就以木杖敲打羊的肚子，羊從口中吐出了幾塊金幣。

財主見此深信不疑，願意用一萬個金幣買下這隻「寶羊」。婆羅門子假裝不肯，經財主再三請求，才勉強同意賣給他。於是，雙方交錢授羊，皆大歡喜。

婆羅門子得到金幣以後，即刻離去。財主也怕他待的時間過長會將「寶羊」討回，故未挽留。

婆羅門子走後，財主迫不及待地敲打羊肚，讓羊吐寶。哪知羊吐出幾百塊金幣後，再也沒有金幣可吐了。財主十分焦急，用盡渾身解數也無濟於事。最後，這隻「寶羊」被折磨得忍無可忍，拼命衝出大門，飛也似地跑掉了。

後來，婆羅門子和母親一路奔波，來到鹿野苑。婆羅門子為了找水進入森林，不料遇到「人熊」，無奈只得和「人熊」大戰，身上的金幣落得滿地都是。他和「人熊」打鬥了很長時間都不分勝負，便各自倚在樹上休息。

這時，當地的暴君獨自遊玩來到林中，見婆羅門子氣喘吁吁地靠在樹上，就問他緣由。因母子二人也曾受過這個惡王的欺凌，所以婆羅門子就騙他說：「我在這裡修『財神本尊』，得到了悉地，本尊賜予我很多黃金。」

國王一看，在遠處果然站著一個怪物，可能就是「財神本尊」。它面前遍地都是金幣，肯定是本尊所賜。

國王生起貪心，請求婆羅門子傳他「本尊修法」。婆羅門子哪裡肯傳，百般推諉。後來，國王願意將身上價值連城的珍寶連同駿馬一起供養，婆羅門子才勉強答應：「算了，就讓你討一次便宜吧！不過，這個法只能一個人修，你等我走了以後，就到本尊面前五體投地向他禮拜，然後請求本尊賜予悉地。這樣，你就可以擁有更多財富了。」說完，婆羅門子拿起珍寶，跨上駿馬，帶著母親遠走高飛了……

通過這個故事可以了知，有智慧的人即便身單勢孤，也能打敗怨敵，巧妙地脫離困境；即便怨敵眾多、逆境重重，也能以智慧輕鬆化解。

智慧的「防彈衣」百害不侵。有了它，縱然敵人率領千軍萬馬，浩浩蕩蕩地前來攻擊，單憑一人之力也足以應付，輕而易舉地克敵制勝。

不要緊，一切隨緣

對我而言，平時聽到一些不好的消息，或遇到巨大的違緣，首先看能不能挽救。如果不能了，就先讓心平靜下來：「不要緊、不要緊，慢慢來。」因為此時著急也沒用，反而讓自己頭腦不清醒，不小心做出錯誤的決定。

做任何事情，提前要有一個安排，再一步一步去實行。不能急於求成，匆匆忙忙去做，否則就容易出問題。

尤其是成辦一些大事，要有充分的時間和精力，時間短了不行。比如我們修建一座大經堂，若要求一年內必須完工，這絕對不可能。即使有人答應，品質也不會好。所以，做事應當循序漸進，不能太心急，不然的話，肯定會忙中出錯。

曾有這樣一則故事：

胖嫂生了個可愛的小寶寶，不久她收到母親的來信，拆開一看，只見信中寫道：「我生了重病，在床上躺了好幾天……」

信還沒有看完，胖嫂就心急如焚，準備回家去看母親。結果寶寶的小被子一時不見了，她翻箱倒櫃找到後，抱起寶寶連夜趕路。路過一片西瓜地時，胖嫂被瓜蔓絆倒了，手中的寶寶也飛了。黑燈瞎火的，她忍著痛到處摸，摸到寶寶後，急匆匆地又上了路。

終於來到母親家，結果大門緊鎖。胖嫂覺得可能出事了，一屁股坐在門口，大哭起來。這時，母親正好從外面回來。胖嫂一看母親很健康，非常驚訝，忙翻出那封信再看，原來信後面還有一句：「現在我的病已經好了，不要掛念。」

母親想瞧瞧自己的外孫，打開襁褓一看：外孫不見了，竟然是個大西瓜。

她們馬上到瓜地裡找，結果拾到一個枕頭。

她們又趕緊跑回家，發現小寶寶被扔在家裡，因為睡得特別香，滾到床底下了。

這雖然只是民間故事，卻有很深的寓意。有些人性子非常急，這樣的話，任何事都做不好，因為心態對做事很有影響。

對我而言，平時聽到一些不好的消息，或遇到巨大的違緣，首先看能不能挽救。如果不能了，就先讓心平靜下來：「不要緊、不要緊，慢慢來。」因為此時著急也沒用，反而讓自己頭腦不清醒，不小心作出錯誤的決定。

因此，我們要養成沉穩的習慣，不要遇到一點點小事，就手忙腳亂、不知所措。

05

在說話中修禪

一個人所說的語言、身體的行為，實際上都是心靈的外現。有什麼樣的心靈，就會有什麼樣的語言和行為。

惡語傷人，會遭惡報

一個人所說的語言、身體的行為，實際上都是心靈的外現。有什麼樣的心靈，就會有什麼樣的語言和行為。

說話態度惡劣、語氣生硬、暴躁無禮的人，任何人都不喜歡，他們勢必招來諸多不滿，甚至怨恨。先傷人，後傷己，一輩子都活在遭人嫌棄的生活中。

孔子在《論語》中說：「年四十而見惡焉，其終也已。」意思是，如果一個人到了四十歲，還是經常讓人厭惡，那麼這個人的一生就完了。

生活中，言語不溫和，是惹人討厭的主要原因。有些人平常說話特別刻薄、粗魯，什麼話都說得出口；還有些人一旦為什麼事生氣了，氣頭上的話也往往是口不擇言，就算氣後意識到不對，但話已出口，想收回來就難了。

古人言：「利刃割體痕易合，惡語傷人恨難消。」用利刃割傷身體，傷痕容易癒合，而用惡語傷了人心，別人就會一直不忘、耿耿於懷。

尤其是在大庭廣眾之下，如果用惡語中傷別人，別人臉上會立即面露不悅之色，性情暴烈者，甚至會當場以牙還牙。有的人雖不及時還擊，但還是懷恨在心，每天「澆水施肥」，讓恨的種子慢慢生根發芽。

曾經烏鴉和鴟鴞的故事，就很好地說明了言語不當會與人結怨的道理：

傳說，烏鴉和鴟鴞有仇，其根源就來自於烏鴉對鴟鴞的一次惡語中傷。

很早以前，在森林裡有許多鳥共住一處。一次競選鳥王的盛會上，鴟鴞名列前茅，眾鳥一致認同牠的優點：有一雙非常特別的眼睛，在夜晚辨事能力極強；牠頭頂上的角堅而有力，小巧玲瓏；其身體形象也比較莊嚴……總之，鴟鴞具有當鳥王的一切條件。

正當鴟鴞春風得意、昂首闊步地邁向豪華的寶座時，烏鴉發話了：「鴟鴞根本不配當鳥王！第一，人類公認牠是一種不吉祥的鳥；第二，牠頭上那看似美麗的角，實際也是一種惡兆；第三，牠的眼睛、嘴巴之所以為黃色，是以前偷吃母親食物而感召的果報……」

真是一語驚人，眾鳥皆對鴟鴞越看越不順眼，鴟鴞的鳥王夢自然便落空了。

從此，鴟鴞同烏鴉結上了深仇大恨，直到今天仍未化解。

烏鴉與鴟鴞，僅僅因為幾句話，便生生世世成為仇家。由此可見，我們在與人相處時，說話務必要謹慎，不要因為不必要的惡語而結下仇怨。

一謊折盡平生福

在做事的過程中，除非有利他的必要，否則，任何情況下都不要妄語。不然的話，「妄語之過污身黑，如何洗滌亦難淨」，你永遠擺脫不了騙子的嫌疑，說什麼都令他人難以生信。

有些人不管有事無事，都愛用謊言哄騙他人，並引以為樂。

我常聽一些人得意地說：「今天把他們矇得一塌糊塗，我的口才看來不錯，三言兩語就把他們騙了。」但是，別人不可能永遠是傻瓜，一次兩次被騙後，第三次他們還會相信嗎？

一般情況下，只要你說一次妄語，別人便會產生根深柢固的印象。當你再說真話時，他們會本能地覺得你的話有假。《百喻經》中有一則故事：

從前有個蠢人，他的妻子容貌十分端正，兩個人感情非常融洽。但日子一久，妻子有了外遇，想拋棄丈夫與情夫私奔。

她悄悄地對一個老太婆說：「我離開以後，你想辦法弄具女屍放在我家，對我丈夫說我已經死了。」

老太婆趁她丈夫不在家時，將一具屍體放在他家。等他回家後告之：「你的妻子死了。」

丈夫一見屍體信以為真，痛哭流涕，遂將屍首火化，撿了骨灰裝在口袋裡，晝夜攜帶不肯離身。

後來，他的妻子對情夫產生了厭煩心，想起丈夫的種種好處，又再次返家對丈夫說：「我是你妻子。」

此時，丈夫無論如何都不肯相信了，他搖頭說：「我妻子已經死了，你是什麼人？竟敢冒充我的妻子。」

這就是說妄語騙人終會害己的下場。

所以，在做事的過程中，除非有利他的必要，否則，任何情況下都不要妄語。不然的話，「妄語之過污身黑，如何洗滌亦難淨」，你永遠擺脫不了騙子的嫌疑，說什麼都令他人難以生信。

為什麼你會弄巧成拙

同樣一件事情，以婉轉的語言表達，不但不會得罪別人，還會得到對方的認可。但如果說話的方式不當，就算是讓人歡喜的事，也可能會弄巧成拙。

要讚歎一個人，先瞭解他是很有必要的。

倘若瞭解別人，即使是一句真心的讚美，當別人聽到之後，也會因此受到勉勵，今後更加努力。反之，假如對別人不瞭解，誇獎得不恰當，有時很容易造成尷尬的局面。

明朝開國皇帝朱元璋，少年時生活窘困，常和一些窮孩子放牛砍柴。後來，朱元璋做了皇帝，從前的一些窮朋友都想沾點光，弄個一官半職，於是，有兩個人結伴去京城找他。

見到朱元璋後，一個人先開口：「還記得我們一起割草的情景嗎？有一天，我們在蘆葦蕩裡偷了些蠶豆，放到瓦罐裡煮。沒等煮熟，你就搶豆子吃，把瓦罐都打破了，豆子撒了一地。你抓一把就塞到嘴裡，卻不小心被一根草卡住喉嚨，卡得你直翻白眼……」

聽他在那兒喋喋不休講個沒完，寶座上的朱元璋再也坐不住了，當即下令把他推出去殺了。

朱元璋又問另一個人：「你有什麼要說的？」

那人連忙答道：「想當年，微臣跟隨陛下東征西戰，一把刀斬了多少『草頭王』。陛下衝鋒在前，搶先打破了『罐州城』，雖然逃走了『湯元帥』，但逮住了『豆將軍』，結果遇著『草霸王』擋住了咽喉要道……」

朱元璋聽了，頓時心花怒放，隨即下旨封他做了將軍。

二人所說的內容，其實完全一樣。但後者把朱元璋小時候偷東西吃的軼事，用特殊的「隱語」表達了出來，當事人聽了，彼此心照不宣。而局外人聽來，則是在描述朱元璋當年金戈鐵馬的生涯。

同樣一件事情，以婉轉的語言表達，不但不會得罪別人，還會得到對方的認可。但如果說話的方式不當，就算是讓人歡喜的事，也可能會弄巧成拙。

所以，一個人不能想什麼就說什麼，運用智慧、拿捏分寸，有時候也很重要。

說話算數

極度歡喜的時候，不要許諾給別人東西；極度憤怒的時候，不要回覆別人的書信。

真正講信用的人，做事從不輕易承諾。一旦承諾了，猶如刻在石頭上的花紋，永遠也不會改變。

有句成語叫「一諾千金」，出自於《史記》的一個典故：秦末時，楚地有個人叫季布，他非常重視承諾，只要是答應了的事，無論有多大困難，都會想方設法辦到。所以，當時楚國人有句諺語：「得黃金千兩，不如得季布一諾。」

古人以說出來卻做不到為恥，故從不輕易把話說出口。孔子在《論語》中也說：「古者言之不出，恥躬之不逮也。」因此，我們平時講話要再三思量，看看裡面有沒有「水分」。如果經常喜歡信口開河，養成了不好的習慣，以後再改就難了。

曾參是孔子門生中七十二賢之一。他在教育子女時，不僅嚴格要求孩子，自己也是以身作則。

一次，他妻子要到集市上辦事，兒子吵著也要去。她不願帶兒子去，便說：「你在家好好玩，等我回來把家裡的豬殺了，煮肉給你吃。」兒子聽了非常高興，便不再吵鬧了。

這話本是哄兒子玩的，過後曾參的妻子便忘了。不料，曾參卻真把家裡一頭豬殺了。妻子從集市上回來後，氣憤地說：「我是被兒子纏得沒辦法，才故意哄哄他，你怎麼可以當真呢？」

曾參嚴肅地回答：「孩子是不能欺騙的！他不懂事，什麼都跟父母學。你今天若騙了他，等於是在教他日後也去講假話。而且，他若覺得母親的話不可信，那你以後再對他教育，他就很難相信你了。這樣做，怎能把孩子教好呢？」

可見，父母不能為了讓孩子聽話，就隨隨便便許諾，誠實守信才是做人的美德。

同時，別人有求於自己時，我們也應慎重觀察：如果有意義，就答應下來；如果覺得不妥，千萬不可草率地許諾。先承諾再觀察，是愚者的舉動；先觀察再承諾，才是智者的行為。如《量理寶藏論》云：「先許後察愚者舉，先察後許智者軌。」

然而，有些人做任何事都不經考慮，別人拜託什麼馬上答應，這種「輕諾」往往不可靠。《老子》亦云：「夫輕諾必寡信，多易必多難。」輕易許諾者，很少會守信用；常把事情看得太簡單，做起來必定有很大難度。

我在建學校時，一個老闆聽說我有資金缺口，便自告奮勇地說：「雖然我已承諾供養某大德一百萬，說幫他搞一個建築，但他建得不成功，乾脆我把錢轉到您這邊建學校吧！」

我說：「既然你給別人承諾了，就不要改變。這個資金缺口，我慢慢再想辦法。」

雖然他對我這邊有信心，但從守信的角度來說，這樣做不太合理。

古人說：「盛喜中，勿許人物；盛怒中，勿答人書。」也就是說，極度歡喜的時候，不要許諾給別人東西；極度憤怒的時候，不要回覆別人的書信。

為什麼呢？因為「喜時之言，多失信；怒時之言，多失體」。歡喜時說的話，多數難以兌現，容易失信於人；憤怒時說的話，因情緒不佳，往往會不得體。

真正有智慧的人，不會因一時興起就開口許諾，否則，到時候很容易陷入兩難的境地。

請別嘲笑有生理缺陷的人

「凡能傷人的惡劣言語，縱然對怨敵也不要說。否則，就算你讓他一時啞口無言、無地自容，但你所罵他的那些話，就如同空谷的回聲一樣，終會成熟在自己身上。」

對於相貌醜陋的人，公開宣揚他們的缺點；對生理有缺陷的盲人、聾人，當面稱之為「瞎子」、「聾子」；根據別人的身體特點起綽號，叫什麼「跛子」、「矮子」、「大個子」、「塌鼻子」、「大耳朵」、「瘦子」、「大胖子」……表面上看，這些似乎無傷大雅，但實際上，這種惡語的過失相當大。

《賢愚經》中有一則蜜勝比丘的公案，就說明了它的可怕果報：

在佛陀時代，有個蜜勝比丘很快證得了阿羅漢果位。眾比丘問佛陀他前世的因緣。

原來，佛陀有一次去化緣時，路上遇到一隻猴子。牠供養佛陀蜂蜜，佛陀接受後牠特別歡喜，然後就蹦蹦跳跳，不小心跳到一個大坑裡摔死了。猴子死後轉生為人，就是現在的蜜勝比丘。

比丘們又問：「他前世為什麼是猴子呢？」

佛陀告訴大家：「過去迦葉佛住世時，他曾是一個年輕比丘，有次看見一位阿羅漢跳躍著過河，就譏諷他的姿勢像猴子。以此惡語的罪業，他在五百世中轉生為猴子。」

可見，我們不僅不能嘲笑別人的生理缺陷，就算是取笑他人像猴子、犛牛、狗、豬等，也有相當大的過失。

十七世大寶法王講《佛子行》時也說過：

第一世噶瑪巴杜松虔巴，因過去在迦葉佛時，取笑一名長得像猴子的比丘，以此惡業，五百世投生為猴子。之後轉生為杜松虔巴時，長得也像猴子，並不好看。他還未出家前有一女友，因他長得太醜，就拋棄了他。他因此而生起出離心，並發願未來要長得好看一點，不然很難度化眾生。

惡語雖然只是語言上的業，但卻能直接影響我們的身體，並損害我們的方方面面。因此，大家在生活中，無論對於什麼人，最好用正知正念來攝持，千萬不要說惡語。

薩迦班智達講過：「凡能傷人的惡劣言語，縱然對怨敵也不要說。否則，就算你讓他一時啞口無言、無地自容，但你所罵他的那些話，就如同空谷的回聲一樣，終會成熟在自己身上。」

此外，凡是指責對方過失，或口出不遜的語言，也都屬於惡語。

還有，儘管表面不是惡口罵人，但若通過溫和的方式，使對方心不愉快，這種語言也包括在惡語中。

藏地有一句俗話是：「歡喜之食無大小，粗惡之語無多少。」意思是，供養他人的食品不管是大是小，只要表達了你的心意，就是好的；粗惡的語言不管說多說少，只要傷了別人的心，就不合理。所以，只要讓別人不高興的話，我們應該全部斷除。《大寶積經》云：「不求他過失，亦不舉人罪，離粗語慳吝，是人當解脫。」若能不指責他人的過失，也不舉發別人的罪過，遠離惡語和慳吝，這種人就會得到解脫。

「說法第一」

發心若不是為了自己，見什麼人說什麼話，並不是一種取巧，而是一種遊刃有餘的智慧。掌握這種智慧，做起事定會事半功倍。

說話掌握一定的技巧，也是利益他人的一種方便。

比如，對醫生一直講天文學，他肯定不想聽；或者，對一個不太聰明的人，拼命地講難懂的邏輯推理，他也聽不進去。

眾生的根基千差萬別，故而，往昔釋迦牟尼佛應機說法，廣開了八萬四千法門，每一法門均是「應病予藥」，治療相應眾生的心理疾病。

佛陀在世時，座下有十大弟子。其中，富樓那尊者是「說法第一」，對不同人說不同的話，是他的強項。

他見到醫生的時候，就會說：「醫生可以醫治身體的病痛，但心裡的貪嗔癡大病，你們有辦法醫治嗎？」

醫生回答：「我沒有辦法，您有嗎？」

他說：「有！佛陀的教誨如同甘露法水，可洗清眾生心垢。戒定慧三學如靈丹妙藥，可以醫好貪嗔癡的心病。」

見到官吏的時候，他會問：「你們可以懲治犯罪的人，但有辦法讓人不犯罪嗎？」

官吏回答：「雖然有國法，但國法也不能使人不犯罪。」

他進一步引導：「除國法以外，你們和一切人民都應該奉行佛法，這樣，這個世界的人就不會犯罪。」

遇到田裡工作的農夫，他會說：「你們耕水田、種糧食，只能滋養色身，我教你們耕福田、養慧命的方法好嗎？」

農夫問：「耕福田、養慧命是用什麼方法？」

他道：「信仰佛教，奉事三寶，對沙門要恭敬，對病人要看護，對慈善要熱心，對雙親要孝順，對鄉鄰要隱惡揚善，不要亂殺生靈，這都是耕種福田最好的方法。」

諸如此類，他總是在不同眾生面前，根據他們的情況，宣講讓人能接受的道理，眾人也樂於接受。

所以，發心若不是為了自己，見什麼人說什麼話，並不是一種取巧，而是一種遊刃有餘的智慧。掌握這種智慧，做起事定會事半功倍。

多說話有好處嗎？

「癩蛤蟆和青蛙，白天晚上叫個不停，叫得口乾舌燥，也沒有人去聽牠的。你看那雄雞，在黎明按時啼叫，天下皆為之振動，人們早早就起來了。所以，多說話有什麼好處呢？重要的是，話要說得切合時機。」

俗話說：「病從口入，禍從口出。」無論是什麼樣的人，說話都應該注意分寸。

有些人說話怕得罪人，整天三緘其口，什麼都不敢說，這肯定不好。

與人交談，要因人而異。對於正直、忠心的人，可以推心置腹，有話直說，不必隱諱；而那些試探自己的人，問長問短之後，就添油加醋、斷章取義，臆造一些子虛烏有的事，對其就沒必要說太多，否則，言多必失，容易成為惹禍的根源。

很多人不懂這個道理，常常給自己帶來許多麻煩。其實，有些話，該說時一定要說；不該說時，最好不要說。

有些人整天嘴巴講個不停，有用的一句也沒有，只是愛說是非、挑撥離間。一講人家的壞話，兩眼都開始發光，口才也非常好；而一講有意義的道理，他就偃旗息鼓，開始打瞌睡了。

米湧仁波切曾說：「語言若不莊重者，如同烏鴉眾人恨。」烏鴉成天呱呱亂叫，人們把這聲音視為惡兆，所以都討厭烏鴉。同樣，語言不莊重的人，說起話來東拉西扯、喋喋不休，勢必會招來眾人厭惡。

《墨子》中有這樣一段記載：

子禽向老師墨子請教：「多說話有好處嗎？」

墨子答道：「癩蛤蟆和青蛙，白天晚上叫個不停，叫得口乾舌燥，也沒有人去聽牠的。你看那雄雞，在黎明按時啼叫，天下皆為之振動，人們早早就起來了。所以，多說話有什麼好處呢？重要的是，話要說得切合時機。」

閉嘴

「經常胡言亂語者，容易被別人了知其心，其嬉戲之語有時被理解為真實，其真實語有時又會被誤認為玩笑，容易之事也因此而難以成辦，諸弟子應閉口寡言為妙。」

我們說一句話時，先應考慮這話該不該說。畢竟，話一旦出了口，就覆水難收了。

有些人說話不管三七二十一，一股腦把想說的說完，只圖一時痛快，結果卻是自找麻煩、自食惡果。

所以，蓮花生大士離開藏地時，教誡弟子：「經常胡言亂語者，容易被別人了知其心，其嬉戲之語有時被理解為真實，其真實語有時又會被誤認為玩笑，容易之事也因此而難以成辦，諸弟子應閉口寡言為妙。」

著名的樂索巴格西也說：「我們的口實在是深墮地獄的因。世上若有人肯聽我的話，就應當將嘴鎖上，把鑰匙交與他人，直到迫不得已必須吃飯時才打開，平時都一直緊鎖著。如果能這樣，那該多好啊！」

宋朝的無門慧開禪師，也自稱為「默翁」，他在詩裡寫道：「飽諳世事慵開口，會盡人間只點頭。莫道老來無伎倆，更嫌何處不風流。」字裡行間，不經意流露出禪師早已諳熟世事，既不在乎他人的讚毀，也懶於談論他人的長短，真正進入了風流、自在、逍遙之境界。

世人常說「沉默是金」，確實也不無道理。所以，我們平時應當常觀己過，時刻保持沉默。嘴巴用於有意義的事情上，不要動輒就給自他帶來不必要的麻煩。

哪些「閒事」必須管

在過失方面，與自己無關的閒事，就不要管；但在利他方面，即使與己無關，還是應該去關心。

有些人在吵架時，常會說別人：「狗拿耗子，多管閒事！」意思是，跟你無關的事，就不要多管，以免惹禍上身。

古人也講過：「不在其位，不謀其政。」你在什麼位置上，做好本分的事即可，不要越俎代庖，去管你不該管的事情。

話雖如此，但「不要管閒事」也不能理解得太片面。

有些人覺得，不管是什麼事，只要和自己無關，就不必瞎操心，應當視若無睹、充耳不聞。其實這是不對的。

一九六四年，美國發生了一起令人震驚的殺人案：當時三十八人目睹了一名女子被陌生人刺殺，但在持續半小時、來回三次的刺殺過程中，竟無一人救助或報警。這種見死不救的行為，正是「不要管閒事」的真實寫照。既然人人都抱著「事不關己，高高掛起」的理念，又怎麼會去見義勇為呢？

我還看過一則新聞：一個中年婦女同一個男子經過江邊時，聽見有人落水喊「救命」。男子準備去救人，那個婦女阻止道：「少管閒事，我們走路要緊，過一會兒他會自己浮起來。」結果，淹死的正是她的親生女兒。

如今世態炎涼，很多人都只顧自己，不願多管閒事，就怕惹上不必要的麻煩。常看到有新聞報導：某某小孩不慎墜樓，剛開始沒有死，但附近的路人從他身邊經過時，一個個視而不見，誰都不把他送醫院，最後一個小生命就這樣斷送了；某某老人在街上犯了心臟病，輾轉痛苦了很長時間，若有好心人送他去醫院，肯定有存活的機會，可是在「不要管閒事」的想法下，沒有一個人伸出援手……

所以，假如片面地理解「不要管閒事」，只會讓人心變得越來越冷漠。孟子曾說：「以天下興亡為己任。」天下的興衰、眾生的痛苦，每個人都責無旁貸，並不是看似與己無關，就不必去管了。

總而言之，在過失方面，與自己無關的閒事，就不要管；但在利他方面，即使與己無關，還是應該去關心。

若說悅耳語，成善無罪業

人與人之間互相交流，語言是非常關鍵的，要想交流達到最好的效果，彼此之間應該多說讓人歡喜的話。

佛經云：「故當說柔語，莫言不悅語。若說悅耳語，成善無罪業。」若說柔和的語言，不但不造罪，功德還會增上。反之，假如以刺耳的語言傷害他人，他人心靈上的傷痕，會很長時間都沒辦法癒合。

所以，「良言一句三冬暖，惡語傷人六月寒」，當我們與人溝通時，說話要柔和委婉，不能用粗暴的語言。

有些人認為，粗語比較有力量，能成辦一些事情。其實這種想法是錯誤的。

法國作家拉封丹講過一則寓言：

北風和南風比武，看誰能把一個人身上的大衣吹掉。

北風首先施展威力，猛厲地刮起來，那人為了抵禦北風的侵襲，反而把大衣裹得更緊了。南風則徐徐吹動，頓時風和日麗，那人漸漸覺得渾身暖和，繼而解開扣子，脫掉了大衣。

美語好比南風，粗語就像北風。愚者認為做事情時，必須用粗暴的語言才能成功；而智者以婉轉的語言，就能把事情處理得非常圓滿。

當然，與別人交談時，除了說一些柔和的話語，還應該把意思表達清楚。《入行論》也說：「出言當稱意，義明語相關。」不然的話，有些人滔滔不絕講了半天，別人也不知道他在讚還是在毀，這樣就很容易產生誤會。

總之，我們說話不但要顧及別人的感受，還要主題明確。掌握了這樣的交談技巧，與人打交道就會輕鬆多了。

06 父母就是菩薩

我們孝養父母的時間，每天都在遞減，如果不能及時盡孝，以後定會終身遺憾。

母心如水，子心如石

「霜殞蘆花淚濕衣，白頭無復倚柴扉，去年五月黃梅雨，曾典袈裟糴米歸。」

在這個以自我為中心的當今社會，太多子女紛紛以工作、家庭為藉口，將父母拒在自己的世界之外，對他們身體的衰老、內心的孤獨不聞不問，忘記了他們養育自己是如何含辛茹苦、任勞任怨。

藏地有一句俗話：「母心如水，子心如石。」孩子的心像石頭一樣堅硬，對父母總是無所謂；而父母的心，卻像水一樣柔軟，始終惦記著孩子。就算孩子已四五十歲，按理說不需要擔心了，可是父母還是放心不下。

面對父母，我們為人子女的，理應捫心自問：真正做到「孝順」了嗎？「孝」字的結構，上是「老」、下是「子」，本義是子女應把父母頂在頭上，可是現在又有幾人做得到？

春秋時期的郯子，是孔子的老師。他生性至孝，父母年老患有眼疾，他特別傷心，到處求醫。聽說鹿乳能治好眼疾，他便披著鹿皮，前往深山，混入鹿群中。

一日，獵人誤認為他是鹿，正要舉箭射他。他趕緊大叫，並將實情告之。獵人聽後非常感動，想辦法給他弄來鹿乳，並護送他出山。

古代有這樣的孝子，令人非常敬佩。相比之下，現在很多人做得實在太差。且不說別的，單單是父母在家中叫你，好多人就不能一聽到便應聲，反而慢慢吞吞在做自己的事，將父母的呼喚置若罔聞。甚至即使回應，也是很不耐煩，沒有一點恭敬和孝心。

包括一些出家人，可能空性觀得「太好」了，把父母也觀空了，覺得沒什麼。但從世間道德而言，對父母的孝敬不能缺少。

唐朝有個懶殘和尚，可謂一代高僧。因母親就生了他一個獨子，他責無旁貸地負起孝養母親的責任。有時他窮得一文錢也沒有，為了不讓年邁的母親挨餓，只有把自己的袈裟典當了，買米回來養親。

後來他在詩中也寫道：「霜殞蘆花淚濕衣，白頭無復倚柴扉，去年五月黃梅雨，曾典袈裟糴米歸。」

從過去大德的歷史來看，他們對父母是有執著，但這種執著並未影響他們成道。而如今有些人，出了家以後，對父母一點孝心也沒有，這是極不應理的。

其實，不僅儒教推崇孝道，在佛教中，「孝養父母」也是最基本的善法。像《父母恩難報經》、《盂蘭盆經》、《地藏菩薩本願經》，都堪稱「佛門孝經」，經中詳細描述了父母恩重難酬，做兒女的應當如何報答。

佛教不管小乘、大乘，均認為父母是嚴厲對境，假如對其造業，果報相當嚴重。尤其是作為出家人，為了孝養父母，甚至可將信眾供養自己的錢，給父母使用。佛陀時代就有位阿羅漢，父母非常貧窮，他想以衣食供養，但又不敢，於是請示佛陀。佛陀便召集僧眾，並作開許：「假令出家，於父母處，應須供給。」

佛陀還親口說：「今成得佛，皆是父母之恩。人欲學道，不可不精進孝順。」

所以，不管是什麼樣的人，報答父母的恩德都不能忘。

盡孝等不得

我們孝養父母的時間，每天都在遞減，如果不能及時盡孝，以後定會終身遺憾。

很多人從小對父母的態度比較隨意，一直以為父母愛自己是天經地義。父母由於寵溺孩子，也不多加指責。在這種環境中長大的子女，等到想報答父母恩德時，父母可能已離開了人世，正所謂「樹欲靜而風不止，子欲養而親不待」。

以前孔子帶弟子出遊時，忽然聽到遠處傳來悲切的哭聲。孔子說：「快走，前面有賢人。」他們走到前面一看，原來是臯魚，他穿著粗布衣服，擁著鐮鎬在道路旁哭泣。

孔子問：「你又沒什麼喪事，為何哭得這麼悲傷？」

臯魚說：「我有三個過失啊！我少時好學，曾遊學各國，而把父母放在次位，這是第一個錯誤；為了我的理想，整天侍奉君主，沒有很好地侍奉雙親，這是第二個錯誤；與朋友交情深厚，稍微疏遠了親人，這是第三個錯誤。如今我想報答父母之恩，可是父母卻不在了，所以內心悔恨不已，才失聲痛哭起來。」

孔子聽後，對弟子說：「你們要以此為戒啊！」

對每個人來說，父母的生育之恩、養育之德，是無法用語言描述的。《詩經》中云：「哀哀父母，生我劬勞……欲報之德，昊天罔極。」意思是，我可憐的父母啊，生我、養我多麼不容易，而想要報答他們的恩德，這種恩德就像天一樣浩瀚無際、廣大無邊。

所以，趁父母還健在時，子女一定要多多盡孝，好好報答他們，千萬別等他們不在了，才悔恨得失聲痛哭。

孝順並非只是給錢

如果認為「孝」就是養活父母，讓父母吃好穿好，而沒有用心恭敬他們，那跟養狗、養馬又有何區別呢？

有些人在父母年老後，每個月寄一點錢，就認為自己很孝順。其實這並不是「孝」。

孔子說：「今之孝者，是謂能養。至於犬馬，皆能有養。不敬，何以別乎？」如果認為「孝」就是養活父母，讓父母吃好穿好，而沒有用心恭敬他們，那跟養狗、養馬又有何區別呢？

那麼，什麼樣才是真正的「孝」呢？

古代有個叫黃香的人，以孝聞名。他九歲時母親去世，從此他更細心地照顧父親，一人包攬了所有的家務事。

到了冬天，他害怕父親著涼，就先鑽到冰冷的被窩裡，用身體溫熱被子後，再扶父親上床睡下。

到了夏天，為了使父親晚上能很快入睡，他每晚都先把席子搧涼，再請父親去睡……

像黃香這樣無微不至地照顧父母，根據不同的季節，給予不同的關懷，才是子女應當做的。但我們有沒有這樣呢？每個人不妨想一想。

子女用錢孝養父母雖然重要，但更重要的是，要在精神上給予安慰。作為父母，晚年往往會感到孤獨、寂寞，始終覺得自己遭人嫌棄、沒人理睬，因此，子女平時要多加安慰，讓他們開心。

其實這也合情合理。當我們剛來到這個世界時，不會吃飯、不會穿衣、不會走路，而父母犧牲一切，悉心照顧我們長大，之後又關心我們讀書、工作、成家……到了現在，我們長大成人了，而父母的身體已經蒼老、體力已經衰退，這時候，如果對他們一點都不關心，那真是沒有良心的表現。

有些人對父母關心很不夠，好像從降生以來，父母從未關心過自己一樣。當然，這也與父母的教育有關，包括一家人共同吃飯時，因為對孩子的寵愛，菜往往先夾在他碗裡：「你是寶貝，最可愛的。」

其實不應該這樣，吃飯時，應讓孩子先對爺爺奶奶、爸爸媽媽有種恭敬的表示。這樣點點滴滴教，漸漸地，他就會對長輩有尊重之心。

子女長大之後，若想報答父母的恩德，不能只用物質來回報，因為當年父母對你的養育，並非只付出了物質，更付出了滿腔的愛。

所以，若想回報這種深恩，就要真正關心他們，常常想著他們，就像父母始終牽掛自己一樣。

三國時期，有個人叫陸績。他六歲那年，一次到袁術家裡作客，袁術命人端出蜜橘招待他。他沒有吃，而是悄悄藏在懷裡。

後來，他向袁術行禮告辭，叩頭時，懷裡滾出了三個蜜橘。袁術大笑道：「你吃了不夠，還要拿呀？」

他回答：「這麼好的蜜橘，我捨不得吃，想拿給母親嘗嘗。」

袁術聽了大為驚訝，一個六歲孩子便懂得克制自己、孝敬長輩，實在是難能可貴。

因此，子女對父母的孝順，也應該像小陸續一樣，時時都把父母掛在心上。

要把父母的話當菩薩語

佛教的《善生經》中也說：「凡有所為，先白父母。」凡是想要做的事情，首先應呈白父母，看能不能做。

有些人有了一點學問就傲氣沖天，每當父母給他講道理，就擺出一副不屑的神色：「拜託，你讀的書都沒有我多，還教我？」甚至大發脾氣：「嘮嘮叨叨，講什麼呀？煩不煩！」這無疑會傷了父母的心。

即使父母再沒文化，他們的人生閱歷也比你豐富，所說的話一定是為你著想。所以，子女要好好聽父母教導。

古時候有個人叫楊甫，小時候父母十分疼愛他，可是，隨著他一天天長大，父母一天天衰老，父母的話，他再也不愛聽了，反覺得他們囉唆。

一日，他覺得每天這樣過日子，挺乏味的，便有了出家的念頭。他聽人家說，無際大師的道行很高，就決定辭別雙親，一個人去訪師求道。

他找到無際大師，說：「我想拜在您的門下，學習佛法。」大師告訴他：「你不如直接去找佛菩薩學習好。」

楊甫問：「我是很想見佛，但不知佛在哪裡？」

大師告訴他說：「很簡單，你趕快回家去，當你看到肩上披著棉被、腳上倒穿鞋子的那個人，就是佛的化身。」楊甫聽完大師的話，一心一意想要見佛，就趕快回家了。

他到家後，已經是半夜。他敲著家中的大門，呼喚著母親，請她來開門。母親聽到兒子回來了，高興地從床上起來，來不及穿衣服，就把棉被披在肩上，又因為很急著想見兒子，鞋子也倒穿了，急忙跑來開門。

楊甫看到母親的樣子，「肩上披著棉被，腳上倒穿鞋子」，突然想起了法師的話。母親從以前到現在，對自己的教誨和包容，一點一滴，都浮現在腦海中。原來父母就是家中的活菩薩！

領悟到這點，他頓時哭了起來，抱著父母說：「孩兒不孝，居然不瞭解您們對我的用心，從今以後，我一定聽二老的吩咐。」自此之後，楊甫便待雙親如同菩薩一般。

其實，父母對子女的愛出於真心，平時的教導必然有價值，子女不要輕易辜負他們的一片苦心。尤其是，父母因你做了錯事而加以譴責時，所謂「愛之深，責之切」，你一定要虛心聽受，勇於承認自己的錯誤。

就像孟子，他小時候厭倦學習，有一次不願讀書，從私塾逃回了家。孟母正在織布，見他翹課回來，一句話沒講，就把織布的梭子給弄斷了，這意味著馬上將要織成的一匹布全毀了。

孟子非常孝順，忙跪下來問：「您為什麼要這樣？」

孟母告訴他：「讀書求學不是一兩天的事。就像我織布，必須從一根根線開始，然後一吋一吋地才能織成一匹布。而布只有織成一匹了，才有用，才可以做衣服。讀書也是這個道理，如果不能持之以恆，像你這樣半途而廢、淺嘗輒止，以後怎麼能成才呢？」

孟子如夢初醒，從此一心向學，再也不敢曠課了。後來他學識淵博，繼孔子而成為「亞聖」。

此外，還有一個故事：

晉朝有位將軍叫陶侃，他小時候死了父親，母親含辛茹苦把他養大。母親對他管教甚嚴，有什麼過錯，從不輕易放過。

他二十幾歲時，在縣裡當小官，專門監管漁場。一次，他派人將一罈醃魚送給母親品嘗。母親推知是公家的東西，不但沒享用，還令差役把它帶回去，並附了一封信說：「你做官，隨便拿公家的東西給我，不但沒有叫我高興，反而叫我替你擔憂。」

陶侃見信後，羞愧萬分，從此終生不忘母親的教誨，成了晉朝著名的清官。

所以，對父母長輩有益的責備，應樂於聽受。

常言道：「老人走過的橋，比你走過的路多。」「老人吃過的鹽，比你吃過的飯多。」別看有些父母沒文化，但他們吃的苦很多，懂得為人處世的分寸、待人接物的道理，這是比「紙上談兵」更有價值的財富。

因此，我們在生活中處理各種問題時，應經常請教父母。他們的教導與指點，對自己會有很大幫助。佛教的《善生經》中也說：「凡有所為，先白父母。」凡是想要做的事情，首先應呈白父母，看能不能做。聽了父母的建議，就可避免走許多彎路；否則，不經父母同意便去做，很容易「不聽老人言，吃虧在眼前」。

對父母永遠要軟言柔語

人老了，就變成了孩子。所以，假如父母的言行舉止有失，比如天天打麻將、喝酒、吵架，那麼子女應當好言勸解，不能語言犀利、態度強硬。

一次，我聽一個年輕人說：「今天我父親做的事很不對，我就把他狠狠痛斥了一頓。」當時，他一副很英雄的樣子。

其實這是不對的，即使他父親有錯，這種作法也不恰當。父母畢竟是長輩，要以柔和的語言來規勸。倘若因看法各異，父母不接受你的觀點，你也應婉轉地給他講道理。

古時候，有個孩子叫孫元覺，從小孝順父母、尊敬長輩，可他父親對祖父卻極不孝順。一天，他父親忽然把年老病弱的祖父裝在筐裡，把他送到深山裡扔掉。孫元覺拉著父親，跪下來哭著勸阻，但父親不為所動。

猛然間，他靈機一動，說：「既然父親要把祖父扔掉，我也沒辦法。但我有個要求：請把那個筐帶回來。」父親不解地問：「你要這個幹什麼？」「等您老了，我也要用它把您扔掉。」

父親聽了，大吃一驚：「你怎麼說出這種話！」

孫元覺回答：「父親怎樣教育兒子，兒子就會怎樣做。」父親大悟，趕緊把老人帶回家好好奉養。所以，縱然父母做得不對，性格難以溝通，子女也應巧妙地循循善誘，讓他們放棄錯誤的做法，而沒必要言辭犀利，令他們難堪。

孔子也曾說：「事父母幾諫，見志不從，又敬不違，勞而不怨。」侍奉父母的過程中，見父母有不對的地方，要委婉地勸說。如果父母不採納你的意見，還是要對他們恭恭敬敬，以誠懇的態度反覆請求。若能再三規勸，明智的父母還是會接受的。

就像唐太宗李世民，他年輕時天下大亂，他常陪同父親李淵一起打仗。

一次，李淵決定連夜拔營，攻打另外一個地方。李世民從各方面分析後，認為敵方可能有埋伏，此舉難以成功，就再三勸阻父親。

父親不採納他的建議。眼見整個軍隊就要拔營了，李世民就在軍帳外面號啕大哭。

李淵見兒子哭得那麼傷心，所分析的道理又比較中肯，於是及時停止了進攻行動。

所以，對於父母的錯誤，子女應想方設法溫和勸諫，若能這樣，父母很可能為之動容。如此，既保全了父母的名聲，也盡了自己孝順的本分。

07 生老病死都有福

假如從二十歲就開始修行，到了八十歲時，可能會直接進入來世的快樂生活。

生死事大，早做準備

現在的人，對世間的一切事，無不斤斤計較、絞盡腦汁；對死亡大事卻置之不理，彷彿死神已將自己忘卻，這實在是掩耳盜鈴的自欺之舉。

瑜伽士秋雍，是塔波仁波切的首座大弟子，也是藏地公認的大成就者。一位康巴的修行人，聽聞其美名，特地前來拜見。他向尊者供養了布匹後，便乞求傳法。尊者什麼也沒傳。

經過再三請求，尊者拉著他的手，誠懇地說：「我也會死，你也會死！我也會死，你也會死！！我也會死，你也會死！！！」並告訴他：「上師的教言沒有別的，我發誓沒有比這更殊勝的訣竅了。」

或許有人聽了不以為然：「這哪是什麼大法？上師應該給我加持一下，給我灌個最高最高的頂，這才是真正的法。『我也會死，你也會死』，這個我也懂。如果這是法的話，我可以給上師傳。」

然而，那個康巴人信心很足，覺得：「上師講得確實有道理。上師總有一天會圓寂，我也總有一天會死，死的時候，連這個身體都帶不走，更何況是其他東西了？所以，我一定要好好修無常，捨棄今生。」

於是，他依此教言精進修持，最終獲得了成就。

作為修行人，理應時常憶念死亡。印光大師在他的佛堂裡，掛著一個大大的「死」字，並時時告誡後人：「人命無常，速如電光。」「光陰短促，人命幾何，一氣不來，即屬後世。」可見這些大德對死亡的重視。

前輩的大成就者們，為了脫生死，歷盡千辛萬苦，以堅固的信心、勇猛的精進，朝如斯、夕如斯，方得明心見性。

只可惜現在的人，對世間的一切事，無不斤斤計較、絞盡腦汁，對死亡大事卻置之不理，彷彿死神已將自己忘卻，這實在是掩耳盜鈴的自欺之舉。

我們無始以來，由於二取執著，迷失了本來面目，原有的自性光明被無明所覆，以致長久流轉於生死苦海。這一生若不悟道，則難越生老病死關。如果想重見光明，永脫生死，必須下一番功夫。

「寶劍鋒從磨礪出，梅花香自苦寒來。」只有放下一切，時刻憶念死亡，毫不懈怠地修行，方能嗅到本有的菩提芬芳。

學佛的老人不癡呆

學佛是老人理想的歸宿。很多老人學佛之後，精神上有了真實的寄託，對未來也有一種把握。所以，願普天下的老人都能對自己的晚年生活善加抉擇，以有意義的方式度過！

「夕陽無限好，只是近黃昏。」唐代詩人李商隱對無力挽留美好事物所發出的慨歎，恰恰是老人生活的真實寫照。

時下，許多老人的吃、喝、穿、用已不用犯愁，但精神生活卻日益空虛。有些老人退休後，整天靠打麻將、下棋、玩撲克等度日；有些老人則靠帶孫子、逛公園、忙家務、養寵物來消磨時光……英國有位百歲老人說：「無聊，是一個致命的殺手。」因無法面對無聊的生活，他就一直工作，不肯退休。

強烈的孤獨感和不知如何打發時間，是老人最大的心理障礙。許多子女認為，讓父母吃好、穿好就是孝順，卻往往忽略了他們的內心感受。

人到了垂暮之年，周身體力逐漸衰退，口中的兩排牙齒所剩無幾，再香的食品也消化不了；人也變得老眼昏花，看不到遠處或細小的東西；無論別人說話聲音多大，耳朵都聽不清楚。不僅如此，他們還常常非常健忘，總是昏昏沉沉，而且身體老化、四大紊亂，致使百病纏身，飽受折磨。

老人們有大量的時間，可以自由支配，卻找不到自己的興趣所在。再加上子女都忙於自己的事業，平時除了電話問候以外，難得有人陪在身邊噓寒問暖。所以，他們整日裡鬱鬱寡歡，脾氣越來越古怪，心情越來越憂鬱。

在日本，每年約有萬餘老人輕生；在美國，老年人成了自殺率最高的族群，每天近十八名老人自殺身亡……

在這種情況下，學佛對老人來說，無疑是一種不錯的選擇。因為老人有一定的人生閱歷，不容易被虛幻的欲望引誘，所以一旦接觸佛法，比年輕人更容易產生共鳴。在藏地，人到了晚年，念觀音心咒、繞塔、供燈……每天忙得不可開交，很少有人覺得空虛難耐，反而常抱怨時間不夠。

俗話說：「學佛的孩子不變壞，學佛的老人不癡呆。」每位老人若能潛心學佛，在有限的時日裡，為後世多積累善法資糧，那麼，晚年不但不會空虛寂寞，還會開啟智慧、獲得解脫。

當然，值得一提的是，老人學佛應放下塵緣，做到「一心」，最好不要今天掛念孫子、明天惦記女兒，什麼事情都想插手。明代張守約居士也說：「物外寄閑身，諸緣任運歇，不染半點塵，唯念一聲佛。」

《淨土聖賢錄》中有一則故事：

嘉慶初年，杭州有位老太太到孝慈庵問道源和尚：「修什麼法門，可以一生脫離苦海？」和尚告訴她：「任何法門無過於念佛。然而，念佛不難，難於持久；持久不難，難於一心。你若能做到專心持名、至誠發願，臨終時佛定來接引你脫離苦海！」老太太聽後，欣然拜別。回家後，她將一切家事交給兒媳婦等人，自己設了一間淨室，每天在裡面念佛修行。

幾年後，老太太又去問和尚：「蒙您開示，弟子棄捨家務，專事念佛，自問可以做到持久不懈，但苦於無法達到一心，請師父慈悲指點。」

和尚說：「你雖拋卻家務，卻沒有斬斷對兒孫的執著，愛根未拔，如何一心？」

老太太歎道：「師言極是！我雖然管住了身體，卻沒有管住自己的心，從此以後，我真的要萬緣放下。」

回去以後，她時時提醒自己，攝心念佛，對什麼事情都不管。久而久之，大家都稱她為「百不管」。

如是又過了幾年，一日她到和尚面前說：「您確實沒有欺騙我。弟子過幾天就西行了。」數日後，老太太無疾而逝，異香滿室，瑞相紛呈。

可見，學佛是老人理想的歸宿。很多老人學佛之後，精神上有了真實的寄託，對未來也有一種把握。所以，願普天下的老人都能對自己的晚年生活善加抉擇，以有意義的方式度過！

生老病死不過才一個輪迴

一對年輕姐妹在鮮花絢爛的花園中，遇見一位風燭殘年的老婦人。小女孩看著髮白面皺、齒落背傴的老婦人，問：「姐姐，我們會不會變成她那樣呢？」「會的，一定會變成那樣的！」

衰老，是現代人的頭號大敵，沒有一個人願意自己變老，於是想方設法挽留逝去的青春。然而，「青山留不住」，看著皺紋一天天增多，誰也不能阻止無常的腳步。

有一部影片中，曾有段很有意思的對話：

一對年輕姐妹，在鮮花絢爛的花園中，遇見一位風燭殘年的老婦人。

小女孩看著老婦人髮白面皺、齒落背傴，問：「姐姐，我們會不會變成她那樣呢？」

「會的，一定會變成那樣的！」

人老了以後，身上、臉上都是溝壑縱橫，佈滿皺紋。又因體內的血肉減少，骨頭和皮之間的肉慢慢乾了，使得骨節暴露無遺，牙腮骨、關節頭也全都凸出在外……

看到這種情景，許多老人悶悶不樂，特別苦惱。其實沒什麼可苦惱的，就好比到了秋天，再怎麼灑水、施肥，鮮花仍會慢慢枯萎，人老了也是同樣，這完全是自然規律，所以應當順其自然。

前幾年，有個六十多歲的老人，想做乳房整形手術。醫生擔心她身體吃不消，手術可能有風險，但她卻執意堅持，非做不可。當記者問及原因時，她直言不諱地回答：「就是為了美麗。這樣才會越活越年輕，越活越愉快，愛美並不是年輕人的專利！」

還有一個八十多歲的老大爺，去醫院做了除皺手術。他告訴記者：「我平時愛鍛鍊，身體沒任何毛病，就是臉上皺紋實在太多了，看起來特別不舒服，所以，我下決心求助於整容醫生的妙手，畢竟愛美之心人皆有之！」

二〇〇七年，一個六十二歲的老人也接受不了變老的事實，非要做面部拉皮、隆胸等多項手術，結果手術沒有成功，整容讓她永遠離開了人間。而且，術前她沒有把整容的事告訴家人，對老伴也只說是六千元的小手術，但實際上卻花掉了二十五萬人民幣。

我也認識一個很有錢的老人，身邊許多人常吹捧她越老越年輕、越老越漂亮，她聽了以後美滋滋的，十分受用。但實際上，誰都看得出來，這只是恭維而已。然而，就是為了這些恭維，她自己飽受了很多痛苦。

現在許多老人，不懂生老病死的規律，一味地做些毫無意義的事，卻不知衰老一旦降臨，再怎麼躲避也無濟於事。

《瑜伽師地論》中，講了人老之後的五種狀況：

一、盛色衰退：身體、臉色的光華消失，不復年輕時的模樣。

二、氣力衰退：昔日力氣充沛，年老後虛弱不堪。

三、諸根衰退：眼、耳、鼻等諸根日益老化。

四、受用境界衰退：過去可任意享受各種妙欲，人老後就有心無力了。

五、壽量衰退：壽命日漸窮盡，有減無增。

人人都難逃這五種命運，生老病死是一種規律，誰也沒辦法超越。有些人因承受不了衰老的痛苦，故希望儘快死去，可實際上，當死亡真正降臨時，他們又特別害怕，避之唯恐不及……

不過，同樣是衰老，修行人在面對的時候，與世人就有天壤之別，甚至還能利用它導人向善。

日本有一位良寬禪師，畢生精進修持，從未懈怠。晚年時，家鄉的親戚來找他，說他外甥不知上進，整日花天酒地、不務正業，希望禪師能用佛法開導他。於是禪師答應回去看看。

禪師回到故鄉後，外甥對他的突然到來，有預感是來教訓自己的，但仍然殷勤接待，並特地留他住了一夜。誰知禪師一句重話也沒說，好像什麼事都不知道的樣子。

第二天，禪師臨走時，對外甥說：「我老了，兩隻手老是發抖，你能幫我把鞋帶子繫上嗎？」外甥很歡喜地照做了。

這時，禪師語重心長地說：「謝謝你了！唉，人老了，做什麼都沒用，連一個鞋帶都不能繫。你要好好保重自己，趁年輕的時候，把人做好，把事業基礎打好。」說完後，禪師就離開了，對他的非法行為隻字不提。

但從那天以後，他的外甥痛改前非，再也不去花天酒地了。可見，有些老禪師因為一生修行，點點滴滴的行為都能感化他人。

其實，人一旦老了，就應該坦然面對。不要明明已經八十歲了，卻非要年輕四十歲，想重新過美好的生活，這是辦不到的。薩迦班智達也說：「諸人羨慕得長壽，又復恐懼成衰老，畏懼衰老望長壽，此乃愚者之邪念。」一味地渴望長壽、畏懼衰老，這是愚人的邪念。

當然，這一點口頭上誰都會說，可是衰老真正到來時，自己到底會如何面對？這要看肚子裡有沒有一點境界了。如果有的話，實際行動中就會做得出來。

不要臨「死」抱佛腳

假如從二十歲就開始修行，到了八十歲時，可能會直接進入來世的快樂生活。但這一生若迷迷糊糊就過了，臨死卻希望時光倒流、重新做人，那時已經沒有力氣了，也沒有這個機會了。

我曾看過一則小故事：

有兩兄弟，住在八十層的高樓上。一次，他們半夜三更回家，發現電梯因為維修，已經停了。二人經過商量，覺得自己年輕力壯，乾脆爬樓梯回家。

他們先爬了二十層，有點累了，哥哥說：「包太重了，把它先放在這裡吧，明天再下來拿。」於是他們放下行李，輕裝上陣。

到了四十層時，弟弟開始抱怨：「你之前明明看到了停電梯的通知，為什麼不早點說？咱們可以提前回來。」哥哥說：「我不是忘了嗎？那有什麼辦法。」他們開始互相爭吵、指責。

吵吵嚷嚷之下，兩人爬到了六十層。儘管他們彼此不滿，但累得要命，爭鬥的力氣也沒有了。只休息了一會兒，他們又繼續往上爬。

終於到了八十層，兄弟倆已是精疲力竭。他們緩了一口氣，正準備開門，一摸口袋才發現：鑰匙還留在二十層樓的包裡。無奈之下，兩人只好在門口睡下……

這故事看似是個笑話，但用佛法來解釋的話，正說明了我們人生的幾個階段：

二十歲時，不管是生活也好、工作也好，基本上比較輕鬆，沒有太大壓力。

四十歲時，工作中、家庭中的恩怨層出不窮，滿肚子都是各種牢騷。

六十歲時，儘管內心有諸多不滿，但已經沒有力氣抱怨了。

到了八十歲接近死亡時，回顧整個人生經歷，好像自己一無所得。尤其最關鍵的「來世」鑰匙，在二十歲時就忘記帶上了。

當然，假如從二十歲就開始修行，到了八十歲時，可能會直接進入來世的快樂生活。但這一生若迷迷糊糊就過了，臨死卻希望時光倒流、重新做人，那時已經沒有力氣了，也沒有這個機會了。

所以，大家應當以此來勉勵自己。能從小行持善法是最好的，但若沒有這種緣分，什麼時候遇到佛法，就從那個時候開始，精進修行也不遲。這樣，臨死時才不會悔之晚矣！

08

為什麼我們的日子過得那麼難

幸福的根本，不在於你擁有了多少金錢，

而在於你減輕了多少欲望。

世人最大的毛病，就是沒有無常觀

現在大多數人，對於死亡，總是一味地迴避，談到「死」就覺得忌諱，如同鴕鳥在遇到危險時，把頭埋在沙中一樣，實在是有點可笑。

人終有一天會死，這是誰都逃不脫的命運。

我們從出生那一天起，便一步一步地向死亡靠近。壽命就像漏了底的水池，從來不會增加，只有越來越少，死神猶如夕陽西下的陰影般，片刻不停地向我們逼近。

誰也無法確定何時何地會死，誰也沒有把握明天或今晚，自己會不會命歸黃泉。死神從不與人約定時間，他往往出乎意料地降臨，讓我們一命嗚呼。所以，《地藏經》中說：「無常大鬼，不期而到。」

在《四十二章經》中，佛陀曾問弟子：「生命有多長？」

有人說是「幾天」，有人說「在飯食間」。佛陀都搖頭說不對。

後來有人說：「生命在呼吸之間。」佛陀才予以首肯，點頭稱是。

可見，人的生命極其脆弱。我們的房子若沒遇到自然災害，差不多能保證幾十年不壞，可是我們的生命，卻無法跟誰簽合同，保證它能存活幾十年。龍猛菩薩在《親友書》中也說：今天晚上沉沉地睡去，誰也不敢保證明天可以安然醒來。

然而，世人最大的毛病，就是沒有無常觀。他們天真地以為死亡不會那麼快到來，整天為了幾十年後的事打算。殊不知「黃泉路上無老少」，死亡的來臨，並非自己想的那樣緩慢而有規律。

要知道，死亡出現的方式、時間，永遠是無法確定的，誰又能預知明天和死亡哪一個先到來呢？或許有人認為：「既然死亡是每個人的歸宿，早晚都會臨頭，那有什麼可害怕的？」如此為自己壯膽，無疑是一種自欺。其實，眾人皆死，並不會擺脫你個人面臨死亡的痛苦。所以，我們若要對自己負責，就應盡快放下對今生的貪執，為漫長的後世多做準備。

現在大多數人，對於死亡，總是一味地迴避，談到「死」就覺得忌諱，如同鴕鳥在遇到危險時，把頭埋在沙中一樣，實在是有點可笑。

他們明知自己遲早是「死路一條」，卻故意忽略，想方設法忘掉，然後拼命貪戀今生的一切，從不肯為後世做絲毫準備，不禁讓我想到了狀元禪師的《醒世詩》：

急急忙忙苦追求，寒寒暖暖度春秋，
朝朝暮暮營家計，昧昧昏昏白了頭。

是是非非何日了，煩煩惱惱幾時休，
明明白白一條路，萬萬千千不肯修。

人百分之八十的痛苦都與金錢息息相關

這個世界上，百分之八十的幸福與金錢無關，百分之八十的痛苦卻與金錢息息相關。

在佛教中，對金錢如何看待呢？

它既不是善也不是惡，既不是美也不是醜，它能給人們帶來痛苦，也能帶來快樂，關鍵要看用它的人怎麼用。

在唐朝，一位政治家、文學家叫張說，他撰寫了一篇不到兩百字的《錢本草》，其中就以草藥為喻，說明金錢既不是好東西，也不是壞東西。用好了，就像草藥可以治病一樣，能濟世救人、自利利他；用不好，就像草藥會變成毒一樣，能傷人性命、自害害他。

但可惜的是，如今許多人都沒有把它用好，以至於這個世界上百分之八十的幸福與金錢無關，百分之八十的痛苦卻與金錢息息相關。

有些人擁有的錢越多，痛苦就越大。正如巴楚仁波切所說：「有一條茶葉，就會有一條茶葉的痛苦；有一匹馬，就會有一匹馬的痛苦。」

佛陀在《大寶積經》中也說：「財物如幻亦如夢，愚癡眾生被誑惑，剎那時得剎那失，何有智者生愛心？」錢財的本質如夢如幻、極其虛妄，愚癡的眾生沒有認識到，就容易被它欺惑。其實，錢財可以很快得到，也能很快就失去，看清了這一點後，智者又豈會拼命地貪執它？

唐朝有一位龐蘊居士，將家中的金銀細軟用船裝著，全部扔到了湘江裡。有人問他為什麼這樣做，龐蘊唱了一首偈子：「世人多重金，我愛剎那靜。金多亂人心，靜見真如性。」

當然，完全看破金錢，對大多數人來講，是根本不現實的。所以，佛陀在經中說，通過正當的途徑積累財富，也是允許的。

比如，《雜阿含經》、《善生子經》中都提到了，我們所賺的錢應該分為四份：一份用於衣食溫飽；兩份用於投資營利；還有一份要儲蓄起來，以備不時之需。

可見，佛陀並沒有要求把所有錢財全部拋棄，因為我們不可能像蚯蚓一樣，天天吃土就可以了。尤其是作為在家人，若不賺錢養家餬口，生活就沒辦法過下去。

但即便如此，對金錢也不能過於崇拜。其實，金錢不像有些人想得那樣「無所不能」。世人也說：「錢可以買到房屋，卻買不到溫暖；錢可以買到藥品，卻買不到健康；錢可以買到書本，卻買不到智慧；錢可以買到床鋪，卻買不到睡眠……」

當然，金錢也並非一無是處。法國作家小仲馬在《茶花女》中，就曾說：「錢財是好奴僕、壞主人。」如果把錢僅僅視為一種工具，有也可以、沒有也可以，多也可以、少也可以，自己會活得非常自在；但若把錢當成人生的全部，明明已經衣食無憂，卻仍不知滿足、欲壑難填，這樣絕不會有真正的快樂。

然而遺憾的是，現在很多人卻偏偏選擇後者，把金錢當成「主人」，自己成了金錢的奴隸。他們有一棟房子，還想再買一棟；有一輛轎車，還想再買一輛……為了這些可有可無的東西，耗盡了自己的一生，也錯過了本該擁有的幸福。

修心是一門技術

世間上的萬事萬物，無一不是心所生的虛幻假像，但芸芸眾生信以為真，顛倒地將其執為實有，導致各種痛苦此起彼伏。

心的力量不可思議，它可以讓一切可能變成不可能，也可以讓一切不可能變成可能。

常言道：「一切世間事，串習無不成。」就像舞蹈演員，開始什麼動作都不會，但逐漸經過訓練，就可以跳得非常精彩。還有雜技團的孩子，經過長年累月的串習，身體特別柔軟，擺怎樣的動作都沒問題。

同樣，凡事不管是真是假，只要心對它長期串習，認為是真的，到了一定的時候，不用故意去想，也會自然產生真實的力量。佛陀在經中亦云：「是故無論真或假，凡事若經久串習，串習力達圓滿時，不思亦能生是心。」

這樣的事例，在現實生活中不勝枚舉。

某醫學院有一位教授，發給每個學生一顆藥，說這顆藥可使血壓上升。服藥不久後測量血壓，果然都上升了。實際上，那僅僅是一顆糖而已。

還有一個故事說：某病人因感冒咳嗽到醫院看病，經X光檢查，說是得了肺癌。病人得知這個消息，病情更加嚴重，幾乎沒辦法下床。後來隔了一個星期，醫院打電話來道歉說，重新檢視原來的X光片，發現他得的病僅是普通感冒，而非肺癌。那病人一聽，立刻從床上跳起來，馬上就痊癒了。

還有兩個人，同時去檢查身體，一人是感冒，一人是癌症。但醫生把化驗單搞錯了，得癌症的認為自己只是感冒，結果就好了；感冒的認為自己得了癌症，最後就死了。

這種經歷我也有。有一段時間我經常咳嗽，去瑪爾康照片子，醫生說是肺炎，肺有很嚴重的問題。當天下午我就感覺肺部特別痛，覺得醫生診斷得沒錯，不僅僅是肺炎，還可能是肺癌。後來到大城市裡一檢查，根本不是肺方面的毛病，頓時就感覺輕鬆了。

可見，心的力量的確非常大。

其實，世間上的萬事萬物，無一不是心所生的虛幻假像，但芸芸眾生信以為真，顛倒地將其執為實有，導致各種痛苦此起彼伏。所以，佛陀大慈大悲地告誡我們：「應觀法界性，一切唯心造。」「凡所有相，皆是虛妄。」

若能懂得這一點，對減少痛苦會有很大的幫助。假如你平時遇到挫折或不痛快，就想：「這些都是心造的，如果沒有去執著，根本不會這樣。」一下子，原本難以忍受的天大之事，就顯得微不足道了。

一切苦樂都是心在作怪

如今不少富翁，雖居於豪華的別墅內，卻常常失眠，無藥可治；更有一些高官厚祿之人，為爭權上位而強作歡顏，心無安閒，生活中少有歡喜可言。由此足以證明，苦樂主要是由心所引發，跟外在物質的好壞關係不大。

苦樂到底是建立在外境上，還是內心上？不少人對此從來沒有思考過。

其實，如果說外境上真實成立苦樂，那不論誰接觸此外境，都應該生起同等感受，但實際上並非如此。就拿不淨糞來說，喜歡潔淨的人見後會發嘔，不願靠近；而豬狗見之卻歡喜若狂，覺得遇到了難得的美味。或者對於美女的身體，修不淨觀的人認為是一具臭皮囊，而貪欲強烈者會覺得美妙悅意。

因此，外境上並不存在苦樂，一切統統是心在作怪。心認為好，就會帶來快樂；心認為不好，就產生痛苦。

以前陶淵明在隱居山林時，做了一張無弦琴，這張琴僅有其形而不能發出聲音，陶淵明卻常常獨自在家「撫琴自娛」，煞有介事而又自得其樂。與之相反，如今不少富翁，雖居於豪華的別墅內，卻常常失眠，無藥可治；更有一些高官厚祿之人，為爭權上位而強作歡顏，心無安閒，生活中少有歡喜可言。由此足以證明，苦樂主要是由心所引發，跟外在物質的好壞關係不大。

記得有一條新聞報導說：

溫州有一個億萬富翁，他雖然很有錢，但一點都不快樂。

有一次，他在隨從的簇擁下，從一家星級酒店出來。一個乞丐向他伸手乞討，他不耐煩地給了一元錢。

乞丐顯得非常高興。他覺得很驚愕：一元錢竟讓乞丐興奮異常，而自己日進千金，卻找不到任何東西能挑起自己的興奮，這是為什麼呢？

於是，他讓隨從們先回去，說今天要自己走一走。等大家離開後，他又回頭去找那個乞丐，並在一家偏僻的餐館裡請乞丐吃飯。為了不讓別人認出他，他將臉遮擋在衣服裡，與乞丐探討起了人生。

乞丐告訴他，自己每天都很快樂、很輕鬆，每天晚上睡八九個小時。

乞丐的話，讓他感到悲哀。因為他日日為失眠所擾，吃再高級的安眠藥也睡不著。所以，他深深體會到，財富不一定能帶來快樂……

因此，只有對心的本體有所瞭解，甚至對空性有所認識，才會知道什麼是真正的快樂。除此之外，再怎麼樣辛辛苦苦尋找快樂，快樂也會像彩虹一樣，離自己越來越遙遠。《入行論》也說：「若不知此心，奧秘法中尊，求樂或避苦，無義終漂泊。」

難得知足

現今有些人物質富足、生活奢華，卻始終感覺不到快樂，成天愁眉苦臉、唉聲歎氣。這樣的人，外在的環境再舒適，對自己也是沒有任何意義。

只要心有滿足，就是最大的財富。

龍猛菩薩在《親友書》中講過：「佛說一切財產中，知足乃為最殊勝，是故應當常知足，知足無財真富翁。」意思是，佛陀告訴我們，在世間一切財產中，知足少欲最為珍貴。只要知足少欲了，縱然自己身無分文，也是真正的富翁。

不僅佛陀強調這一點，有些世間名人也將之奉為圭臬。比如像蘇東坡，他的有些行為就令人讚歎。

蘇東坡最初在杭州當太守，跟佛印禪師比較合得來。他們經常在那兒看西湖，一起坐在船裡參禪悟道，研究東坡肉，日子過得挺愜意。

後來，蘇東坡被貶到南方去了。當時的南方偏僻荒涼，那些苦地方沒有東坡肉吃，蘇東坡就說

「日啖荔枝三百顆，不辭長作嶺南人」，天天有荔枝吃，他也挺高興。又過了一段時間，他不當官了，也沒有人送禮了，但覺得「菊花開時乃重陽，涼天佳月即中秋」，菊花開了，即是重陽節；天上有明月，就當中秋節。天天都是良辰佳節，沒有家人團聚也很開心。

對蘇東坡來說，多大的福都能享，多大的罪都能受，而且不以其苦。林語堂管他叫「不可救藥的樂觀主義者」，這種樂觀主義正是來源於知足少欲。

相比之下，現今有些人物質富足、生活奢華，卻始終感覺不到快樂，成天愁眉苦臉、唉聲歎氣。這樣的人，外在的環境再舒適，對自己也是沒有任何意義。

古代有兩位兄弟，經常去山上砍柴。

一次，他們看到有隻老虎正要吃一位老人，於是想辦法趕走老虎，把老人救了下來。沒想到，那位老人竟是山神。

為了報答救命之恩，老人許諾給兩兄弟任何所需之物。

大哥說要財富，老人就給他一枚金戒指，用它能夠點石成金。回來之後，大哥享盡人間榮華，買房、娶妻、生子……該有的完全擁有了。但他的精神壓力越來越大，為了保護財產、解決財產糾紛，一生中的痛苦接連不斷。

而弟弟，當時沒有任何奢望，只說過得平凡快樂就可以。

老人送他一串風鈴。每當心裡不舒服時，弟弟只要聽一聽風鈴的清脆聲音，所有煩惱就會一掃而空。

兩兄弟比較起來，弟弟儘管生活簡單，但一輩子都過得非常快樂。

以為吃得好、穿得好、住得好，就是最快樂的事，實際上，這種快樂並不長久。最長久的快樂，是我們擁有一顆知足的心。《八大人覺經》也說：「生死疲勞，從貪欲起。少欲無為，身心自在。」

所以，內心沒有太多貪欲，才能享受到生活中的美好。過於貪戀、執著金錢，一輩子都會活得很累。

財富宛若秋雲飄

「身體猶如水中泡，財富宛若秋雲飄。」但可惜的是，世人耽著榮華富貴，真正能明白此理的寥寥無幾。

如果明白無常之理，對今生的錢財名利，就不會有強烈的執著了。其實，從有錢人的身上，我們很容易體會到無常。

比如，中國某財經雜誌曾發布了「二〇〇九年本土富人排行榜」，其中二〇〇八年財富超過三百億人民幣的人有八位，而二〇〇九年時，一位也沒有；二〇〇八年財富超過二百億的人有二十六位，而二〇〇九年只有一位。在短短的一年中，億萬富翁人數銳減，有些人一下子從雲端跌入低谷。

還有，以前亞洲女首富叫龔如心，她與丈夫白手起家，共同締造了一個地產王國。一九九七年，美國《富比世》公布的「世界超級富豪榜」中，龔如心以七十億美元個人資產，位居世界華人女首富，比英女王還要富有七倍。後來她丈夫不幸去世，為爭奪巨額遺產，她和公公打了九年官司，並最終獲勝。但沒有想到的是，爭取到遺產一年半之後，她就因患癌症而撒手人寰。

這一現象，恰恰印證了米滂仁波切的一句話：「身體猶如水中泡，財富宛若秋雲飄。」但可惜的是，世人耽著榮華富貴，真正能明白此理的寥寥無幾。

憨山大師在《醒世歌》中也說：「春日才看楊柳綠，秋風又見菊花黃，榮華終是三更夢，富貴還同九月霜。」春天才看了楊柳的綠，秋天又見到菊花的黃——通過兩種顏色的對比，可看出春天和秋天的無常變遷。同理，榮華猶如三更的美夢，很快就會醒來；富貴也如同九月的白霜，一下子就會化為烏有。

因此，大家應多思維這些大德的教言，對於錢財等身外之物，儘量看得淡一些！

錢越多，欲望應該越少

幸福的根本，並不在於你擁有了多少金錢，而在於你減輕了多少欲望。欲望少了，雖臥地上，猶為安樂；欲望多了，雖處天堂，亦不稱意。

貪欲比較熾盛的人，很少有知足之時。他們視錢如命，就算是走路時，兩眼也四處搜索，總盼望有什麼意外收穫。

為了賺錢這一目標，熙熙攘攘的大街上、人潮洶湧的股市上、推杯換盞的酒桌上、爾虞我詐的生意場上……到處都有他們忙碌的身影。

然而，就算一朝腰纏萬貫，他們也沒有感到滿足。騎自行車的嚮往摩托車，有摩托車的渴望汽車，然後追逐「沙漠王子」、賓士；住一室一廳的想換五室二廳，住五室二廳的又野心勃勃為別墅而奔波。擁有別墅的，更夢想著：春天，推開窗戶，就能欣賞東京街頭千樹萬樹櫻花綻放的盛景；夏天，足不出戶，就能享受阿爾卑斯山的習習涼風；秋天，在自家的花園裡，便能觀賞日內瓦湖的清涼月影；冬天，走出房門，便能踩在夏威夷海灘細軟的金沙上……

他們殫精竭慮地謀求財富，不擇手段，恨不得全世界的財產都歸自己所有。甚至，有時候在富人面前，極盡諂媚巴結之能事，忍辱更是「修」得不錯，心甘情願地當牛做馬、任人凌辱。

曾有一位富家子弟與人比武，大敗而歸。回到家中拿一男僕出氣，打了十個耳光。之後，他於心不忍，就拿出十塊金幣予以補償。

這個僕人貪心極重，一見到錢，臉上的劇痛頓時消失，眉開眼笑地說：「請您多打幾下！幾百下我也挺得住，只是打一下給我一個金幣就行。」

主人一聽，氣上加氣，對他一陣毒打後，卻一分錢都未付。

現在很多人就像這個僕人一樣，完全淪為了金錢的奴隸，堅信有錢就可以顛倒乾坤、無所不能。正如莎士比亞在一本書中所形容的：「金子，黃黃的、發光的，寶貴的金子！只這一點點兒，就可以使黑的變成白的，醜的變成美的，錯的變成對的，卑賤變成尊貴，老人變成少年，懦夫變成勇士。」

他們以為金錢能給自己帶來幸福，卻不知幸福是一種滿足的心態，有時候跟金錢有關，有時候跟金錢並無關係。即便跟金錢有關，心理學家研究發現：在影響幸福的各種因素中，金錢也只起到百分之二十的作用。

幸福的根本，並不在於你擁有了多少金錢，而在於你減輕了多少欲望。欲望少了，雖臥地上，猶為安樂；欲望多了，雖處天堂，亦不稱意。

越攀比，越吃虧

人生的痛苦之一，就是控制不住自己的心。尤其是喜歡跟人比較，是我們內心動盪、恍惚不安的來源，也讓大部分人活在患得患失的世界中，不能解脫。

有一年奧運會的游泳比賽，冠軍被日本選手獲得，亞軍和季軍分別是美國、俄羅斯選手。賽後，記者們採訪得到冠軍的日本選手，問：「與你相鄰的水道，一邊是美國人，一邊是俄羅斯人，你知道他們都曾經打破世界紀錄嗎？」

他真誠地回答：「不知道。」

記者又問：「你知道其他選手緊追在後，而你一度被俄羅斯勁敵超越嗎？」

他搖了搖頭：「不知道。我只管自己向前游，任何人跟在我後面或超越我，都不會對我造成影響，只要一心一意游泳就好。」

可見，一個人在前進的路上，只要做好分內的事，不和他人攀比就能成功。如果存有較量之心，便會不自覺地模仿別人，這樣的結果只會落後，因為你在模仿時，別人已經完成了。只有自己努力前行，得到的結果，才真正屬於自己，哪怕它並不盡如人意。

《金剛經》也說：「應無所住而生其心。」就是在勸我們，人應該無所執著地活著。

耍小聰明的下場都不好

喜歡玩弄小聰明的人，就算暫時得到一些利益，也並不會長久，早晚都會壞事，給自己和他人帶來無盡的禍患。

很早以前，森林中百獸過著閒逸、安樂的生活。因為沒有獸王，百獸便商議尋找一個有資格的動物來領導群獸，於是四處尋覓。

一天，有隻狐狸跑到一家染衣坊尋找食物，不慎掉進了染缸。牠驚恐萬分，拼命掙扎，等到爬出染缸時，已是筋疲力盡。牠再也沒有心思尋找食物，落荒而逃。

在河邊喝水時，狐狸見到水中的倒影，忽然發現自己身上的顏色變得美麗異常，與眾不同。正在這時，尋找獸王的動物們發現了牠，驚奇地問牠是什麼動物，是從什麼地方來的？狐狸靈機一動，詐稱自己是天帝派來做獸王的。

群獸從來沒有見過牠這樣的動物，又聽說是天帝派來的，便信以為真，擁立狐狸為王。

當上獸王的狐狸得意忘形，開始作威作福，不但役使所有野獸為自己做事，還忘乎所以地讓獅子當坐騎，四處遊玩。照理說，這狐狸當了獸王，應該對同類特別關照才是，但狐狸反而痛恨狐群，百般加以折磨。

動物們本以為有獸王領導，生活會更加幸福、快樂，沒想到卻落得痛苦不堪。眾狐狸更覺得「獸王」是飛來橫禍，大惑不解，暗地裡對獸王進行觀察。後來，牠們懷疑這天帝所賜的獸王是狐狸假扮。

眾狐狸找了個機會，偷偷地問獅子：「每月十五月圓之日，獸王是否仍要騎著你去遊玩？」獅子說：「不，獸王每月十五都給我放假，它總是單獨離去。」群狐說：「我們狐狸每到十五日就會昏迷一陣，好一會兒才能恢復。你可以在十五日那天跟蹤獸王，看牠是不是狐狸所扮。」

等到十五日，獸王照常向遠處跑去。獅子便悄悄地跟在後面，到了一個山洞裡，果然看見獸王像死屍一樣倒在地上，昏迷不醒。

獅子這才知道動物們都上當受騙了，尤其是自己，居然被狐狸當坐騎戲弄了這麼久。獅子惱羞成怒，一躍而上將這隻狐狸吞食了……

群獸因為沒有好好考察，讓一隻卑劣的狐狸當了獸王，結果都受到了莫大的痛苦。那自作聰明的狐狸，也落了個自取滅亡的下場。

《法句經》中有這麼一句：「無樂小樂，小辯小慧，觀求大者，乃獲大安。」耍耍小聰明，只能得到一些小樂，甚至得不到快樂，只有發大心，利益一切眾生，才能獲得究竟的大安樂。

所以，生活中我們一定要擦亮眼睛，遠離耍小聰明的人。

把忌妒心化為隨喜心

看到別人快樂，心中應當真心隨喜，替他高興。如果實在生不起隨喜，自己也要懂得克制，千萬不要因嫉妒而發惡願。

嫉妒，是一種極其普遍、又殺傷力極大的心態。若對超過自己的人無法忍受、心生憂惱，這就是嫉妒。

女人嫉妒別人的年輕、美貌；男人嫉妒別人的才華、財富、權勢；兒童嫉妒別人能擁有夢寐以求的玩具……林林總總，無所不嫉。

在《雜譬喻經》中，就講了一則嫉妒的公案：

從前有個婆羅門，他的妻子沒有生育，小妾卻生了一個男孩。

妻子非常嫉妒，趁人不注意，用小針刺入小孩頭頂，孩子不久就死了。

小妾悲痛欲絕。後來知道是妻子所為，於是受持八關齋戒，以此功德迴向，發誓要報仇。

小妾七日後命終，於七八世中轉生為妻子的孩子，容貌端正、聰明伶俐，但都是小時候夭折。妻子悲痛不已，比小妾喪子時哭得更厲害。

後來有一僧人，是阿羅漢的化現，告訴了她前因後果。妻子才恍然大悟，遂向僧人求戒。僧人讓她第二日到寺院受戒。

次日，她在去寺院的途中，小妾又化為毒蛇，阻擋她的道路。僧人嚴厲地作了呵斥，令二人解怨釋仇，懺悔了往昔的怨結。

古今中外這方面的公案非常多，由於嫉妒不是有形有相的東西，故很難控制，一旦它不小心生起，只能任其擺佈。

莎士比亞筆下的奧賽羅，因為懷疑妻子不忠，妒火中燒，殺了妻子與假想的情敵後，自己也同歸於盡；《三國演義》中，「羽扇綸巾，談笑間，檣櫓灰飛煙滅」的周公瑾，因嫉妒諸葛亮的才華，在發出「既生瑜，何生亮」的感慨後，鬱悶而死。

他們的死，引起了後人很多哀歎。但又有幾人能拍著胸脯說，自己身上沒有奧賽羅與周瑜的影子呢？

所以，人與人之間，最好不要有嫉妒，看到別人快樂，心中應當真心隨喜，替他高興。如果實在生不起隨喜，自己也要懂得克制，千萬不要因嫉妒而發惡願：「今生我比不上他，來世我要變成惡魔專門害他。」

發心若是這樣的話，那一切都完了！在嫉妒的戰場上，只有失敗，沒有戰利品可得。嫉妒心重的人，就算暫時害得了別人，但終究還是害了自己。

比富不如比德

現在有些人，該比的學問和品德，沒人競爭；而不該比的吃穿，人人都互相攀比。

我讀書時，學習氣氛不太好，學生們天天比誰的衣服好看、誰的衣服高檔，誰吃的花樣多、誰吃得昂貴……似乎這些才是他們人生的主要目標。

現在更是如此：一頓飯動輒花費幾萬塊，一件名牌衣服甚至超過上百萬，這樣大家就覺得了不起。

在晉朝，石崇曾與王愷（晉武帝的舅父）以奢靡相比：

王愷飯後用糖水洗鍋，石崇便用蠟燭當柴燒；王愷做四十里的紫絲布步障，石崇便做五十里的錦步障；王愷用赤石脂塗牆壁，石崇便用花椒。

晉武帝暗中幫助王愷，賜了他一株珊瑚樹，高二尺許，世所罕見。王愷向石崇炫耀，不料石崇揮起鐵如意，將珊瑚樹打得粉碎，然後一笑置之：「別心疼，我賠你就是。」遂命左右取來六七株珊瑚樹，個個皆高三四尺，比王愷那株強多了。

如今，攀比在一些偏僻地區，也逐漸蔚然成風。每逢節日，人們會比身上的衣服如何高檔、飾品如何華貴……在大城市裡，比富的現象更是層出不窮，甚至有些行為令人咋舌。

其實這些都不好。人活著的關鍵在於德行和學識，一個人只要德學雙馨，生活再貧寒也不可恥。佛教中有些高僧大德即是如此。例如，慧林禪師的一雙鞋子穿了二十年；通慧禪師終年一件衣服，衣服補了再補。不像現在有些人一樣，天天追逐流行時尚，衣服換來換去。

古人常說：「由儉入奢易，由奢入儉難。」一個人最初生活節儉，以後有條件了，奢侈起來很容易；而從奢侈的生活步入儉樸，便相當困難了。像有些人，從小嬌生慣養，被視為「小公主」、「小王子」，在呼風喚雨、一呼百應中成長，生活條件極為優越。但後來家境突逢變故，一夜之間貧困潦倒、不名一文，需要為生計而四處奔波時，他們往往極其脆弱，有的甚至會自殺。

究其原因，就是他們往昔只迷戀物質上的富足，卻忽略了精神上的貧乏。在物欲橫流的當今時代，人們確實需要自我反省。人活著，不能一味追求時尚、貪圖享樂，而要關心自己的德行和學識。

愛因斯坦就是個注重德行和學識的人。有一次，他被邀請去參加同學的生日宴會。因為他穿著與平時一樣，有同學就嘲笑道：「你父親的生意是不是很不順利？」

他坦率地說：「父親的生意是有些不順利，但也不至於買不起一件衣服。」

另一位同學哈哈大笑：「既然買得起，何不買一件，把自己打扮得更體面一點呢？」

愛因斯坦十分嚴肅地說：「我認為作為年輕人，不能只向社會索取，而應該思考怎樣為社會做貢獻！」一句話，說得那些同學無言以對。

人活在世上，最有意義的就是無私奉獻，以不求回報的心態幫助眾生，而不是盲目與別人攀比。

失敗是如何煉成的

傲慢，使人不見自己的過失，也不見他人的功德。如果一個人自傲而輕人，那麼他不僅不被人們歡迎，他所具有的功德也將逐漸退失。

大作家海明威說過：「炫耀廣博見識或淵博學問的人，是既沒有見識、也沒有學問的人。」傲慢會使人變得無知，甚至變得無恥。

以前，印度有位叫真空巴的國王。他有兩個兒子，小王子自知當國王的希望渺茫，便志願修道。徵得父王同意之後，他離開皇宮，進入人跡罕至的密林，專心修持。

時日不長，國王駕崩，太子繼位不久也死去了。國不能一日無君，群龍無首的大臣們商議後，決定迎請潛居深山的小王子回宮繼位。初時小王子道心堅定，不願下山，但經不起大臣們的屢屢哀求，遂回宮登上了國王的寶座。

他當上國王後，淫欲心猛厲。為了滿足貪欲，他立下了邪惡的法規：「國中未婚的女子，國王都擁有初夜權。」

手下大臣極為反感，紛紛對他善言勸誡。但這位傲慢的國王根本聽不進去，一怒之下將勸告他的大臣殺死。

這樣過了很長時間。一天，一個女人在許多男人面前裸體奔跑，並站著小便。人們都指責她不知羞恥，可她卻說：「大家都是女人，有什麼不好意思？你們這些女人能站著小便，我為什麼不能？」

旁人說：「我們明明是男人！」

女子立即反駁：「不！這個國家只有國王一人是男人，否則，你們怎麼會容忍自己的妻子、姐妹和女兒受侮辱呢？國王的行為比我更可恥，你們為什麼要忍受？」

一語驚醒夢中人，早已忍無可忍的臣民衝進王宮，殺死了這個荒淫無度的暴君。

可見，傲慢會使人迷失自己，最終自取滅亡。

不過，傲慢這種煩惱難以察覺，別人看不出來，自己也感覺不到，一不小心，就會落入它的圈套。藏地有句俗話說：「傲慢的山頂上，留不住功德的水。」或者說：「傲慢的鐵球上，生不出功德的苗芽。」只要心中有了傲慢，自認為比別人更勝一籌，那就如同身上披了件雨衣，雨水無法進來一樣，所有功德從此與自己無緣。

有智慧的人沒必要傲慢，沒有智慧的人傲慢只會自取其辱。米滂仁波切也說過：「大士傲慢何必要，若無我慢更莊嚴；劣者傲慢有何用，若有我慢更受辱。」故我們應「今當去慢心，甘為眾生僕」，遣除一切傲慢之心，心甘情願當眾生的僕人。

浪費時間等於謀財害命

對時間無所謂的人，感覺與人交談是一種享受。而真正了知生命無常、人身難得的人，卻寧可捨棄財富，也不願空耗時光。

「年矢每催，曦暉朗曜。」時光飛逝如電，一去而不復返。從獲得暇滿人身，至命歸黃泉，匆匆幾十年，轉瞬即逝。

世人尚有「尺璧非寶，寸陰是金」的說法，對於修行人而言，愛惜時光更是極為重要。

釋迦牟尼佛在往昔，曾轉生為一婆羅門，在一寂靜處修行。帝釋天為其所感，欲賜悉地。婆羅門回答說：「我沒有其他願望，如果您要賜，就賜予我您不來的悉地吧，否則，我會因您來而導致散亂。」由此可見，對真正的修行人來說，不打擾他，是對他最大的恩賜。

有位居士也曾告訴我，他最怕別人上門或打電話，特別耽誤時間。

學院的一位堪布也說：「為了怕別人趁上門辦事之際，談論沒完沒了的話題，我寧可走很遠的路到別人家裡，辦完即歸，不致耽誤時間。」

確實，對時間無所謂的人，感覺與人交談是一種享受。而真正了知生命無常、人身難得的人，卻寧可捨棄財富，也不願空耗時光。

那公巴大師說過：「人們與其談論許多似是而非的大道理，不如拜讀諸佛菩薩的傳記，瞭解彼等自始至終是如何實踐菩薩道的。只有這樣，才是極為善妙，不會被誑騙的啊！」

文學家魯迅在《門外文談》中也說：「時間就是性命。無端地空耗別人的時間，其實無異於謀財害命。」

所以，縱然你不能自己修行，也千萬不要謀害其他修行人的生命財產！

學佛後我們能開什麼神通

對佛教不瞭解的「修行人」，非常執著天眼、天耳、天上飛行，或者開中脈、見聖尊等神通。常聽有人吹噓「某人又開天眼了」、「某人又見到觀音菩薩了」……不少人為追求這些而學佛，卻不知這不但達不到解脫的目的，反而很可能會走火入魔。

常有人問：佛教大德為何不以神通度化眾生？

《長阿含經》中就有現成的答案，佛告堅固：「我終不教諸比丘為婆羅門、長者、居士而現神足上人法也，我但教弟子於空閒處靜默思道。若有功德，當自覆藏；若有過失，當自發露。」世間的特異功能、雜技、魔術，都能顯示許多難以置信的現象。隨著科學日益發達，上天入地早已不是神話，所謂的神通若僅限於此，除了欺世盜名，又有何用呢？

從前，仲敦巴格西與四位瑜伽士前往熱振。一天，已到驕陽當頭，應當食用午餐時，他們的食物卻一無所剩。

一行人饑餓難耐，正商量如何應對之際，袞巴瓦卻胸有成竹地說：「我將會吃到從山口往上攀登的人所帶來的食物。」當他話音剛落，一位施主便攜帶著豐盛的齋食即時而至，他們終於得以飽餐一頓。

仲敦巴格西向來喜歡隱藏功德，對袞巴瓦示現神通極為不滿，聲色俱厲地訓斥道：「袞巴瓦，你不要妄自尊大！」

可見，若無特殊必要，高僧大德除了開顯佛理引導眾生外，一般不會輕易示現神通。

現在有些修行人，整天神神叨叨，到處炫耀自己的夢境、驗相或感應，看到一點東西、聽到一點聲音，就自以為得、沾沾自喜。

其實這些並不重要。倘若你通過修行，自私自利心減少了，利益眾生之心增上了，這才是最高級的神通！

有利他之心的人福報才大

世上的一切快樂，都是從利他而產生的；世上的一切痛苦，都是由自利而引發的。《入行論》亦云：「所有世間樂，悉從利他生；一切世間苦，咸由自利成。」

現在很多人十分羨慕開悟成佛的境界，一談起這些就津津樂道、特別神往。然而，成佛又是為了什麼呢？

巴楚仁波切曾明確地告訴我們：成佛就是為了利益眾生，並不是想自己獲得佛果後，一個人過得逍遙自在、快快樂樂。所以，學佛是為了成佛，而成佛，是為了利他！

《弟子問答錄》中也說：「餘事皆下品，唯有利眾高。」世間上其他事的意義都不大，唯有利益眾生是最無上的，這也是佛陀極其歡喜的事，誠如《華嚴經》所言：「若令眾生生歡喜者，則令一切如來歡喜。」

藏地有一位著名的大成就者，叫熱羅多吉札。一次，他準備在寂靜處長期閉關，安住於如如不動的禪定中。

此時，本尊現身對他講：「你安住在寂靜的滅定中，縱然長達千百萬劫，也不如對一個眾生播下解脫種子的功德大。」

得到這樣的教言後，他從此不斷雲遊各方，度化眾生。

可見，利他才是最有意義的修行。一個人就算能力有限，行為上無法利益眾生，但僅僅發一個利他心，福德也遠勝於供養諸佛。

如寂天菩薩說：「僅思利眾生，福勝供諸佛。」《勝月女經》亦云：「僅思利他心，利益尚無量，何況行利益？」

有些人目光短淺，為了暫時的利養名聞，便把利他心完全捨棄，這如同以下故事裡講的小孩為了幾塊糖而放棄如意寶一樣，是非常愚笨的行為。

佛經中有一則公案說：

往昔，有父子二人擁有一個如意寶，父親天天守護著如意寶。

有一天父親很睏，想睡一會兒，臨睡前對兒子說：「你將如意寶收好，千萬不要給任何人。」父親很快就睡著了。這時來了幾個小偷，問這小孩要如意寶。

孩子說：「父親交代了，如意寶不能給任何人。」

小偷拿了一些糖果給他，說：「這個如意寶是一塊石頭，對你沒有什麼用。糖果可以馬上吃，而且價值是很貴的，不如我們交換吧！」

小孩覺得有道理，就把如意寶交出去，換得了一點兒糖果。如此捨重取輕，實在令人惋惜。現在很多人也像這個小孩一樣，因為不懂利他心的價值，為了得到一點點小利，結果丟掉了最珍貴的東西。

要知道，世上的一切快樂，都是從利他而產生的；世上的一切痛苦，都是由自利而引發的。《入行論》亦云：「所有世間樂，悉從利他生；一切世間苦，咸由自利成。」所以，且不說別的，就算是為了自己得到快樂、遠離痛苦，也絕對不能沒有利他心。

曾有一對善良的夫妻，下崗後開了一家小飯館。

飯館開張後，夫妻倆便以好人緣，贏得了很多回頭客。同時，每次吃飯時，小城裡的一些乞丐，就會排成隊來到他的飯店乞食。

夫妻倆給他們施捨的飯菜，都是新做的，並不是顧客剩下的殘羹冷炙。

他們所做的這些善行，都是發自內心的。

一天晚上，飯館所在的地方，不慎發生了火災。危急時，那些經常來乞討的人，冒著危險幫他們將東西搬了出來。不一會兒，消防車來了，飯店由於搶救及時，終於保住了。而周圍的很多店鋪，因為得不到及時搶救，早已成為一片廢墟。夫妻倆善心似水，最終得到了好報。

通過這件事，足見利他心的重要性。所以，一個人沒有其他什麼倒不要緊，但不能沒有利他心。有了利他心的話，福雖暫時未至，禍卻早已遠離。

不圖回報，反而有大回報

在利他的過程中，有些人雖然不圖任何回報，但有時因緣不可思議，也會出現意想不到的收穫。

往昔，佛陀在因地時，每次布施身體、財產、王位、妻兒，帝釋天問他是為了什麼，他都回答：「唯一想讓眾生獲得快樂，此外沒有其他希求。」我們雖然無法做到佛陀那樣，但也應儘量無條件地利益眾生。在此過程中，有些人雖然不圖任何回報，但有時因緣不可思議，也會出現意想不到的收穫。

以前有個大學生，他讀書時沒有錢，只好利用課餘時間打工，挨家挨戶地推銷商品。有一天中午，他肚子特別餓，就去敲一家的門，想要點兒東西吃。開門的是一個小女孩。大學生有點不好意思，但已經到了門口，沒辦法只好開口說：「我很餓，可不可以給我一點食物？」

小女孩給他拿來一杯開水、幾塊麵包。

他狼吞虎嚥地吃完後，問她要多少錢？小女孩說，家裡的食物很多，不要他的錢。

很多年後，小女孩長大成家了。有一天，她突然得了非常怪的病，在一家醫院做手術花了很多錢，但是根本沒有效果。

有人建議她去某某醫院，那裡有位醫術高明的醫生，或許能治她的病。於是，她就到那個醫院去，果然治療效果不錯，住院的時間也比較長。

出院時，她覺得住了這麼長時間，醫療費肯定是個天文數字。以前治病花了很多錢，現在錢也沒有了，所以結帳時根本不敢看。後來，她鼓起勇氣看了一眼，帳單上寫的竟然是：「一杯開水、幾塊麵包，足以支付你所有的醫療費。」

那個醫生，就是她幫助過的大學生。

孟子說：「愛人者，人恆愛之；敬人者，人恆敬之。」其實，生命就像是空谷回聲，你送出什麼，它就送回什麼；你播種什麼，就收割什麼；你給予什麼，就得到什麼。因果是絲毫不爽的，只要你付出了，就必定會有收穫，只不過是時間早晚而已。

布施，只會讓你越來越富

如今的人們，不太明白因果的取捨關係。原本發財需要布施之因，他們卻為了發財，一味地掠奪；明明長壽需要放生之因，他們卻為了長壽，一味地殺生……最終只能南轅北轍。

現在很多人都希望發財，想方設法改變風水、生辰，以期自己財富盈門、財源廣進。其實，佛陀曾明明白白告訴過我們，發財的因是什麼呢？不是發財樹，不是貔貅獸，不是水晶球，而是布施。

往昔在印度，有個特別了不起的富翁，他的名字叫善施，不過人們更喜歡叫他「給孤獨長者」。之所以叫這個名字，是因為他生性慈悲、樂善好施，一生中七次散盡家財，統統布施給孤獨的人，故被冠以「給孤獨」的美名。後來，他為了給釋迦牟尼佛建精舍，甚至用金磚鋪地購買園林。他一輩子中越布施，錢越多，用現在的話來說，最後成為當時的「首富」。

無獨有偶，在中國古代，也有這樣一個人，他就是春秋末年的范蠡。他助越王勾踐復國之後，辭去一切官職，划著小船去太湖經商了。他做生意非常有頭腦，不到幾年光景，就積累了億萬家財，富可敵國。在他的一生中，也曾三次散盡家財，接濟百姓。但散財之後不到幾年，又能再次積累起萬貫家財。他死後被人譽為「陶朱公」，也就是現在大家常拜的「財神」。

再看看現在，世界上最有錢的人是誰呢？眾所周知是微軟的創辦人比爾．蓋茨。他不但是全球首富，還是全球最大的慈善家。他每年投入慈善事業的是幾十個億，前幾年他還宣布：死後財產不留給後代，全部都捐贈給慈善機構。

然後範圍再縮小一點，我們亞洲，現在的首富是李嘉誠。他也同樣樂善不止，經常拿出大筆的錢來上供下施，救助貧困、捐助教育等，並將自己三分之一的家產捐贈給慈善事業。

通過以上這些例子足以看出，佛陀說「發財的因不是別的，而是布施」，這句話確實真實不虛。捨得、捨得，有捨才有得；捨不得、捨不得，不捨則不得。

然而，如今的人們，不太明白因果的取捨關係。原本發財需要布施之因，他們卻為了發財，一味地掠奪；明明長壽需要放生之因，他們卻為了長壽，一味地殺生……最終只能南轅北轍。不想痛苦，痛苦卻一個接一個降臨；想要快樂，快樂卻像仇敵一樣被滅掉了。

慈善不是錢，是心

希望慈善能從你我做起，從當下做起。有錢的人可以從物質上作支持；沒有錢的人，哪怕付出一個微笑、說一句真心的祝福，也是愛心的一種體現。

提起「慈善」，很多人的第一個反應，就是要捐錢。其實，慈善不一定非要物質捐贈，精神上的愛心也不可缺少。

例如，一個人與家人吵架，痛不欲生而準備自殺時，我們就應當去安慰他、幫助他，想盡一切辦法令其內心得以恢復。儘管這只是微乎其微的小事，但對別人來講確實需要。

如今不少人認為，慈善只是有錢人的消遣，跟自己這種平民百姓沒多大關係，故對這方面不聞不問、從不關注。這種觀念是錯的。對此，我想起一個令人非常難忘的故事：

二〇〇七年的一天，剛卸任的聯合國秘書長安南，在美國德克薩斯州的一個莊園裡，舉行了一場慈善晚宴，旨在為非洲貧困兒童募捐。

應邀參加晚宴的，都是富商和社會名流。

在晚宴將要開始時，一位老婦人領著一個小女孩，來到了莊園的入口處。小女孩手裡捧著一個看上去很精緻的瓷罐。

守在莊園入口處的保安安東尼，攔住了這一老一小：「歡迎參加今天的晚宴，請出示你們的請帖，謝謝。」

老婦人聽後，對安東尼說：「對不起，我們沒有接到邀請。是這個小女孩要來，我陪她的。」

安東尼回答：「很抱歉！今天晚宴邀請的都是重要人物，除了工作人員，沒有請帖的人一律不能進去。」

老婦人表情嚴肅地問：「為什麼？這裡不是舉行慈善晚宴嗎？我們是來表達自己心意的，難道都不可以嗎？」她又進一步說：「如果我不能進去，這個小女孩可不可以進去？因為她從電視上知道，非洲的孩子特別可憐，很想為他們做點事。她把儲錢罐裡的所有錢都拿來了，打算捐給非洲的孩子們。」

安東尼解釋說：「今天這場慈善晚宴，來參加的確實是重要人物，他們將為非洲的孩子慷慨解囊。很高興你們帶著愛心來到這裡，但是我想，這場合不太適合你們進去。」

「叔叔，慈善不是錢，是心，對嗎？」一直沒有說話的小女孩突然問。她的話，讓安東尼愣住了。

「我知道受邀請的人有很多錢，他們也會拿出很多錢，我雖沒有那麼多，但這是我所有的錢。如果我真不能進去，請把這個帶進去吧！」小女孩說完，將手中的儲錢罐遞給安東尼。

安東尼不知道是接還是不接，正在不知所措的時候，突然有一位老人說：「不用了，孩子。你說得對，慈善不是錢，是心。你可以進去，所有有愛心的人都可以進去。」他面帶微笑，摸著小女孩的頭，彎腰跟她交談了幾句，然後直起身來，拿出一份請帖：「我可以帶她進去嗎？」

安東尼接過請帖一看，忙向他敬了個禮：「當然可以了。」原來，他就是大名鼎鼎的「股神」巴菲特。

結果出人意料的，當天慈善晚宴的主角，不是倡議者聯合國前秘書長安南，不是捐出三百萬美元的巴菲特，也不是捐出八百萬美元的比爾．蓋茨，而是僅僅捐出三十美元二十五美分的小女孩——小露西，她贏得了最多、最熱烈的掌聲。而且晚宴的主題標語也變成這樣一句話：「慈善不是錢，是心。」

第二天，美國各大媒體也爭相對此作了報導。當時引起了很大轟動，無數人看到報導後，紛紛表示贊同——慈善不是錢，是心。

這個故事告訴我們：只要有顆善良的心，誰都可以參與到慈善中來，慈善不一定是有錢人的專利。

甚至，對於一個生命，不生起害他的嗔心，希望他得到快樂，這也是慈善。正如佛陀在《涅槃經》中說：「若於一眾生，不生嗔恚心，而願與彼樂，是名為慈善。」

然而遺憾的是，如今很多人沒有慈善的意識，寧願把錢無意義地揮霍，也不願用它為生存希望一點點萎縮的人們，重新撐起一片天。

中華慈善總會曾有一項統計表明：中國擁有百分之八十以上社會財富的富人，對慈善事業的捐贈小於百分之十五。與之形成強烈反差的是，中國卻是世界上最大的奢侈品消費市場之一。

其實且不說富人，就算是城市裡的普通人，把一頓大餐或一件名牌衣服的錢節省下來，也足以資助貧困地區的孩子上學，從而改變他們一生的命運。

所以，希望慈善能從你我做起，從當下做起。有錢的人可以從物質上作支持；沒有錢的人，哪怕付出一個微笑、說一句真心的祝福，也是愛心的一種體現。

附錄　大歡喜——索達吉堪布開示錄

多年來，索達吉堪布常在不同場合，為大眾傳講佛法，並抽出一些時間讓大家隨機提問，當場回答。針對現代人的內心困惑，本書特摘錄了一些常見問題，以饗讀者。

感情

問：我一個朋友今年三十一歲了，但是還沒有對象，她想建立一個佛化家庭，如何才能懺悔業障，感召一個如意的眷屬呢？

堪布答：她想找一個理想的伴侶，最好能念一下《地藏經》。若是沒有前世特殊的業障，那麼念了《地藏經》、祈禱地藏王菩薩的話，實現這個願望並不難。

確實，建立一個佛化家庭，妻子也學佛、丈夫也學佛，夫妻之間就沒有太多衝突了。否則，妻子學佛，丈夫不學甚至反對，那麼天天都會熱戰、冷戰不斷，自他也會特別痛苦。

但她最終能不能實現自己的願望，還要看自己的因緣和福分。當然，通過祈禱也能解決一些問題。

問：我過去遇到感情上的挫折，一直困擾著現在的心情，該怎樣擺脫呢？

堪布答：在我們藏地，很多年輕人因為有信仰，也懂得佛教的無常觀，所以在遇到感情問題時，一般不覺得這種痛苦特別大，但漢地的人好像不是如此。

其實，愛一個人，往往是建立在占有的基礎上。一旦他對你不好，或者他變心了，自己無法再擁有他了，這時候才特別痛苦。假如你對他的愛無有條件，只要他好，你就覺得幸福，那彼此之間的關係再怎麼樣，你也不可能受到刺激或創傷。所以，愛情到底是愛自己，還是愛對方？這個需要好好觀察一下。

愛情雖說是年輕人很難過的關，但你再過十年、二十年回顧人生，可能就會一笑置之。現在你對感情的執著，相當於孩童時代對玩具的執著一樣，小時候玩具一旦被別人搶了，自己就哭得天崩地裂，可當你長大之後，回想當年的幼稚無知，就會覺得特別可笑。

如今很多年輕人，一直陷於感情的迷網中，無力自拔，非常可憐。其實你們再過一段時間，有一些人生歷練之後，就會覺得這真的沒什麼，只是某個年齡段的一時迷惑罷了。所以，隨著年齡的成熟，或當你有了正確的信仰時，這種執著就會越來越淡，慢慢地，便不會再受它的困擾了。

問：我信仰佛教，覺得愛情是無常的，對戀愛也沒有太大興趣，那我要不要為了結婚而結婚？婚姻的基礎一定是愛情嗎？

堪布答：要不要結婚，最好由你自己決定。我作為一個出家人，來決定可能不太合適。（眾笑）婚姻也好、愛情也好，剛開始是會有一種感覺，大多數年輕人也非常嚮往，覺得這是通往幸福的階梯。但從我們佛教的眼光來看，一旦你結婚以後，自由的鑰匙就交給對方了，從此之後，你就被困在無自由的空間裡了……

當然，世間人也有另一種解釋方法。這種解釋方法，尤其是一些老年人都有經驗，可以讓他們來回答。

報應三

問：在生活中，我們經常會看到，有些人做了很多好事，卻沒有得到相應的善報；有些人做了很多壞事，卻沒有受到惡報。於是許多人就認為：「善有善報、惡有惡報」只是一種心理安慰、精神鴉片。因果報應真的不存在嗎？

堪布答：因果報應肯定存在，對此我是深信不疑。

但為什麼行善得不到好報，造惡得不到惡報呢？因為不管是什麼樣的業，並不是造了馬上就會成熟。就像一個貧窮的農民，他以前沒有種莊稼，所以如今特別貧窮；但現在他勤勤懇懇地種地，以後儘管不會再窮了，可還沒到秋天收割之前，他的生活仍然改變不了，但我們不能因此就說他種莊稼沒用。

佛教裡也專門講了，我們所造的業要成熟，需要一定的時間。有些業力會現世現報；有些業力在下一輩子才感受；有些業力要再過好幾世才現前。所以，因果並不是那麼簡單的，它是非常複雜的一個概念，必須通過系統的學習才能了達。

當然，你產生這樣的懷疑也很合理。但就如同你現在上學，就算現在很愛學習，也不一定馬上會出現它的果，它有一個時間在裡面。

問：好多人總是在生命的盡頭，回顧人生，才明白自己的遺憾。那我們今世的人生，主要任務是

什麼呢？怎樣才能擁有真正的人生意義？

堪布答：確實，不僅僅是普通人，包括歷史上的一些著名人物，也會在臨死時，才發現一輩子做了很多錯事。在生命的長河中，有些人能及時反省這種錯誤，而有些人從來也沒有這種機會。但不論是哪一種人，如果你真想對自己負責，就應該學會善待生命。

善待生命有幾種方式：上等的，是用自己的一生為一切眾生造福；中等的，為了自己而行善積德；下等的，不做損害其他眾生的事，畢竟所有的生命都同等珍貴。以這些方式，可以彌補往昔所造的很多罪業。

當然，這些罪業，還可以通過佛教中的懺悔得以清淨。

問：人生是由誰決定的？為什麼有些人的人生是快樂的，有些卻是苦難、充滿困惑的？

堪布答：世間有些宗派認為，人生的苦樂由上帝賜予，或者由大自在天決定。但按照佛教的說法，人生的主宰就是自己，並不是別人來掌控的。否則，真有一個造物主的話，他讓誰快樂，誰就快樂；他要誰痛苦，誰就痛苦，這是很不公平的。因為我沒有做任何壞事，他就平白讓我受苦；我沒有做什麼好事，他卻讓我天天快樂，這樣的話，造物主可能會常常被大家埋怨。

其實，我們的人生之所以快樂，是由於過去做了善事；之所以痛苦，是因為往昔造了惡業——這個概念乍聽起來，恐怕有些年輕人不接受，但它對每個人來講至關重要。就好比你播下毒藥的種子，結出來的果只能是毒藥，絕不會是妙藥。同樣，一旦你造了惡業，未來只能成熟苦果，而不會招致快樂。因此，種瓜得瓜、種豆得豆，這是亙古不變的真理。

所以，如果你想今生快樂、來世快樂，乃至生生世世都快樂，就盡量不要造殺生等諸多惡業。否則，只要造了惡業，它要麼會在你今生成熟，要麼會在來世成熟，遲早都要感受這種痛苦。這就是為什麼有些人的人生充滿快樂，有些人卻飽嘗痛苦，這一切苦樂其實都是自作自受。

藏傳佛教有位大德叫智悲光尊者，他對因果曾有一個很好的比喻：就如同大鵬在空中飛翔時，影子雖然暫時看不到，但只要它一落地，影子馬上就出現了；同樣，一個人造了業的話，這個業力便會一直跟著他，只要因緣成熟，痛苦或快樂即會當下現前。

這是非常深奧的因果道理，希望大家能經常思維。現在很多人沒有因果觀念，只要肚子填得飽，日子過得舒服，其他什麼都不顧，這種社會現象是特別可怕的。

隨緣

問：什麼叫隨緣？如果把它放在學業上或事業上，應該怎麼理解？

堪布答：「隨緣」這個詞，禪宗裡也經常講，世間人也經常說，但不少人都誤解了它的定義，以為隨緣就是什麼都不用做，只等老天來安排一切，這樣的話，你就會錯過許多機會。真正的隨緣，是需要全心全力的付出，但對結果如何卻不太在意。

比如，你想得到一份特別滿意的工作，在一番努力之後，卻沒有被錄取，這時候你心裡若有「隨緣」的概念，面對失敗就不會特別痛苦。

包括你們對自己的感情，也應抱著這種態度。假如剛開始希望特別大，最後卻沒有像預期那樣美好，也用不著痛不欲生、萬念俱灰，甚至想不開非要自殺。在這個時候，你應該要懂得隨緣。

要知道，在這個世上，凡事不可能都一帆風順、盡如人意，任何一件事情的成功，背後都有著錯綜複雜的因緣。這一點，上學的課本裡幾乎沒講，但你如果學了佛教的《俱舍論》、《百業經》，就會明白自己這輩子的成敗，不但有今生的原因，也有前世的原因。若能懂得這個道理，就很容易想得開、放得下，以坦然的心態面對一切，這就是一種積極的隨緣。

問：我常勸周圍的人在遇到困難時，祈請諸佛菩薩加持。但他們卻嗤之以鼻，說：「如果事情變順利了，你們會說是佛菩薩的加持；如果還不成功，就說是我無始以來的業力。你們佛教就是這樣，說什麼、做什麼都有兩面。」對此，我不知道該怎麼解釋。

堪布答：其實這個很簡單，我們世間上也是如此。比如一個人犯了錯誤，家人託關係、找上級的話，若能把他放出來，就會說是上級的功勞；但如果實在不行，上級也幫不上忙，就會認為他犯的錯誤太嚴重了。所以，用這個比喻也很容易解釋佛菩薩的加持。

實際上佛陀在有關經典中也講了，一些特別無緣的眾生，縱然佛陀的妙手也無法救護，因此這並不是佛教的過失。

問：佛教中告訴我們，人要有感恩之心、滿足之心。但我身為一個大學生，經常和老師做些課題研究時，要有一顆不滿足的心，才可以繼續堅持下去，往更深的科學領域發展。請問，一個要滿足，一個要不滿足，這二者的矛盾該如何平衡？

堪布答：佛教所提倡的有滿足之心，是指減少一些沒有意義的欲望，比如對錢財、對享受，這方面要少欲知足。但在求學方面，是不需要滿足的。藏地特別偉大的薩迦班智達，在格言中也說過：即便彙集百川之水，大海也不厭其多；同樣，即便學習再多的知識，智者也不會有滿足的時候。

所以，你們現在學習知識、研究科學，包括學習佛法，這些方面都不應該滿足，不要認為大學畢業就像成佛了一樣，從此什麼都不用學了，再也不用看書了。其實，世間上一些有意義的知識，越學越對自他有利，所以求學方面不要有滿足，這是我們佛教的觀點，也是探索科學不可缺少的一種態度。

佛理

問：請問宗教信仰和迷信有什麼區別？

堪布答：信仰任何一種宗教，不管是基督教、道教、儒教或是佛教，假如你不懂它的道理，只是流於表面形式，這很容易變成迷信。比如，有些人為了升官發財，就到寺院裡燒香拜佛，這雖然也算一種信仰，但你若不知道這樣做到底有什麼作用、佛和神有什麼差別，只是把佛陀當成求財工具，這就成了一種迷信。

如今很多寺院裡，天天都有人拜佛，我雖不敢說所有的人都是如此，但有些人確實帶有迷信色彩。為什麼呢？因為他們連自己為何要拜佛都弄不清楚。

真正的信佛，是通過自己的智慧，看一些前輩大德的文章或書籍，知道釋迦牟尼佛曾來過這個世界，他所說的一切符合真理，對解除自他痛苦、解決人生問題有不可磨滅的作用，然後從心坎深處對他誠信不疑，這才是真正的信仰。反之，假如只是表面上信佛，實際上迷迷糊糊的，並不明白其中道理，那就算你是個佛教徒，也仍是一種迷信。

所以，燒香拜佛不一定是真正信佛，若不知道它的功德，單單是外在的一種崇拜，有些人為了打漁也會這樣做。我以前去南方時，就看見很多老百姓出海打漁前，都會去廟裡燒香，讓佛保佑他多捕一些魚，此舉完全是一種迷信。

梁啟超曾在一本書中，也講了迷信與正信之間的差別，說佛教的信仰是智信而非迷信。但你不懂佛理的話，就很可能不是智信，而是迷信了。

問：佛法浩如煙海、廣大無邊，您可否用三個字來概括它的真諦？

堪布答：戒、定、慧！

問：在佛教中，佛陀規定犯了什麼戒條，就要懲罰多少多少劫，請問這該怎麼理解？

堪布答：佛教中之所以制定戒律，並不是非要去懲罰人，表面上它是一種約束，但實際上，這為每個人趨往解脫之路提供了方便。

就像馬路上的綠燈、紅燈，有了它的話，開車者似乎不太自在，但這卻能極大保證他的生命安全。佛教中的戒律也是如此，通過強制性地規定行持善法、斷除惡業，就能讓眾生順利獲得解脫，到達彼岸。

問：藏傳佛教的淨土，與我們漢傳中提倡念阿彌陀佛去西方極樂世界，有沒有什麼區別？

堪布答：藏傳佛教和漢傳佛教的淨土法門，究竟目標完全相同，可以說是殊途同歸。

藏傳淨土主要講發菩提心、念佛號、積累資糧，最終能往生極樂世界；而往生極樂世界的主因，則是阿彌陀佛的四十八願。如此依靠自力和他力往生，漢傳淨土也是這樣提倡，只不過個別傳承上師教言的側重點不同而已。

問：佛教裡有很多密咒，比如六字大明咒、金剛薩埵百字明、一切如來心秘密全身舍利寶篋印陀

羅尼，佛說每個咒都有很大很大功德，要念多少多少萬遍。那我在修行的時候，該選擇什麼樣的密咒呢？

堪布答：我對密咒從小就有信心，只是現在比較忙，念的時間比較少了。我們藏地有句俗話：「孩子會叫媽媽的時候，就會念觀音心咒——嗡瑪尼貝美吽」。基本上每個藏族孩子都是如此，只不過現在在經濟浪潮的衝擊下，好多孩子到了外面的學校、城市以後，就不是特別爭氣了。

密咒的功德，佛陀在不同的經典、續部中都有闡述，至於你該選擇哪一個，可能要分兩種情況：一、這個密咒與你的傳承上師、某些灌頂修法有密切關係，然後你應該發願念誦；二、可以根據自己的情況，比如造業比較多，覺得業力深重，就念百字明和金剛薩埵心咒；如果要開智慧，想生生世世具足智慧、利益眾生，就念文殊菩薩心咒；若想遣除一切魔眾違緣，就念蓮花生大士心咒……你覺得哪個咒語對自己非常重要，就可以選擇這個咒語去念。

念咒語方面，藏地很多修行人確實與眾不同。前段時間，我們學院有個老出家人圓寂了，他一輩子念了六億咒語。而我的上師法王如意寶沒有圓寂之前，曾把一生所念的咒語都統計出來，有些咒語像「阿」、「吽」只有一兩個字，有些咒語長達十幾個字，這些長咒和短咒全部加起來，總共有九億。上師是七十二歲時圓寂的，在此之前，他一輩子都手持念珠不斷在念。

通常來講，藏地的修行人隨時隨地都手不離念珠，不管是坐車也好、放犛牛也好、到農田去也好，甚至很多知識份子、幹部在辦公室裡，也是拿著念珠，被上級看到還會挨罵。不過現在比較方便了，拿個計數器一直在念，上級也發現不了。

其實，念咒語不說長遠的功德，僅僅是暫時利益的話，分別妄念、痛苦煩惱也會依此而消除，讓心安住於清淨的狀態中。所以，念咒語是非常有意義的！

問：我是德國曼漢姆大學的老師。藏傳佛教在西方特別有吸引力，在德國的傳播，特別是八〇年代比較成功，為何它這麼容易就能被大家接受呢？

堪布答：藏傳佛教如今在德國、英國等西方國家，確實很有吸引力。究其原因，主要是藏傳佛教的教義非常實用，它並不完全停留在理論上，也不是搞一種學術或形象化，而是依靠前輩大德的訣竅，有很多斷除煩惱的方法，比如修菩提心、大圓滿的直指心性，又簡單又易行，所以傳播的速度比較快。

我那天看了一下，單單在美國波士頓這一個城市，藏傳佛教的中心就有三十多所。由於藏傳佛教清淨的傳承、殊勝的訣竅、簡單的儀軌，再加上對聞思修行特別重視，故而很容易被人們接受。

相比之下，現在不少地方的佛教，完全成了一種形象。很多人經常問我：「磕頭是不是佛教？燒香拜佛是不是佛教？」我說這只是佛教的一種形象，並不是它的真正教義。它的教義是什麼呢？就是修菩提心等。學佛要從心上安立，不是表面上辦個皈依證，就自認為是佛教徒了；形象上穿個僧衣、剃個光頭，就自認為是出家人了。

如今很多人也不是什麼傻子，他們還是真實受益了，才願意接受藏傳佛教。包括漢地有些大學生，他們之所以願意學佛，也是發現佛教對自己真正有利。否則，沒有一點利益的話，只是給他們講些故事，那誰都不需要。

我們作為一個人，難免要面對煩惱、痛苦，倘若通過藏傳佛教的菩提心等修法，在生活中切實起到作用，任何人都不會拒絕它的。就像一個包治百病的靈丹妙藥，相信沒人願意將它拒之門外。

問：在當今商業經濟當道的社會中，您如何看待環保與消費之間的對立矛盾？

堪布答：這個問題，其實我也思考過。現在這個社會，生活節奏越來越快，工作壓力越來越大，與此同時，人們的消費也越來越高。在這種情況下，消費與環保之間，有時候是對立的。

不過，我們佛教提倡一種生活觀：不能特別奢侈、揮金如土；也不能極度拮据、衣食無著，若像乞丐一樣，也會寸步難行。而應當保證基本的生活條件，在此基礎上知足少欲，不要縱容自己的欲望，也不要為了競爭而活著。

如今大多數人，購置大量東西並不是因為需要，而是源於競爭。看到他人的房子不錯，自己就非要買一個；瞧見別人的轎車很好，自己也要買輛好轎車，否則，就覺得在別人面前抬不起頭來。這樣的人活得很累，所以，我們應該隨遇而安，根據自己的福分來維持生活，如此才會活得比較開心，自己的消費與環保之間，也不會有很大衝突。

此外，我們平時還要有環保的概念，水電應該節約，不要隨便浪費。我以前去新加坡時，他們在這方面就做得很好。但最近在香港，我看到晚上所有高樓的燈幾乎都亮著，兩三點鐘也是如此。其實，這時候很多人都睡了，這些電白白地浪費掉，好像有點可惜。當然，也許是有人要上「夜班」。但很多問題，我們要值得思考。

問：我是佛教徒，但回答不了身邊朋友的問題。朋友曾問：「佛教徒用很多時間作經懺，認為念經可以幫助別人，但為什麼不將時間實際用於幫助別人？念經究竟如何幫人，只是口頭念念就有功效嗎？」我該如何回答呢？

堪布答：你雖然學了佛，但我覺得還要繼續深入佛法，這樣的話，對非佛教徒的問題才可以回答，這是我的一個建議。

你那個提問題的朋友，對佛教不一定很瞭解。其實，佛教中並沒有說，念經後什麼事情百分之百都能解決。就像現在的一些中醫，並不敢說自己的藥能包治百病，但我們不能因此就認為：「你既然不能包治百病，那幹嗎還要當中醫？不如親自去幫助眾生。」要知道，每個眾生的病是不同的，對於有些疾病，中醫是可以治的。同樣，佛教徒用很多時間念經，也可以從某個角度幫助到眾生。

這一點，我自己就深有體會。比如，我平時生病了，或者出現違緣了，就趕緊交錢請僧眾念經。也許不信佛的人認為這是迷信，但我卻對此深信不疑，因為念了經以後，很多事情馬上就有好轉了。如同藥本身有治病的功效一樣，念經的話，依靠諸佛菩薩的加持力，與自己清淨的發心力，自然也會產生一種不可思議的作用。

當然，念經為什麼有這種力量？必須要深入經藏才能徹底明白。

問：動物是有生命的，吃它是一種不好的行為。但植物也是有生命的，我們吃了的話，會不會也像吃動物一樣不好呢？

堪布答：佛在《涅槃經》中說：「眾生佛性住五陰中，若壞五陰名曰殺生。」所以，五蘊聚合的生命，才有真正的痛苦。動物就有這樣的生命，而植物，雖在外境的刺激下會產生某種反應，比如動搖、生長、死亡，但它並沒有真實的五蘊。假如認為植物也有動物或人一樣的生命，那佛在《楞嚴經》裡說了，若許「十方草木皆稱有情，與人無異」，則墮入外道，『迷佛菩提，亡失知見』。

現在很多人覺得植物與動物完全一樣，這樣的觀點大錯特錯。包括有些學佛多年的人也分不清楚，這是相當遺憾的。按照佛教的觀點，你今天割一根草，跟殺一頭牛有很大差別。殺牛是摧毀了有情的生命，這有極大過失；而割草的話，並沒有殺生的過患。

有些人可能會說：「佛教裡不是講了嗎，對動物不能損害，對草木也不能損害。」這種說法雖然是有，但意思並非完全相同。就像你去殺人和砍伐森林，儘管二者在法律上都不允許，但定罪還是有天壤之別。

同樣，我們殺了動物的話，必定會墮入地獄；而砍一棵樹的話，則不會墮入地獄，只是有輕微的過失。

所以，在這個問題上，大家一定要弄明白。為什麼我一直強調佛教徒必須要學習佛法？原因也在這裡。現在很多人都認為「我吃肉也有過失，吃蔬菜也有過失」，對過失的輕重並沒有分。這樣的話，你偷金子也有過失，偷針也有過失，所有問題都一概而論的話，這是不合理的。

問：神秀大師說：「身是菩提樹，心如明鏡台，時時勤拂拭，莫使惹塵埃。」六祖說：「菩提本無樹，明鏡亦非台，本來無一物，何處惹塵埃？」對這兩首偈子，您怎麼看？

堪布答：禪宗的這些比喻非常好。神秀大師所體會到的，六祖大師所悟入的，都通過比喻很好地表達了。這種方式在藏傳佛教中也有，如蓮花生大士師徒的對話，用類似的比喻也表達了如是見解。

關於這兩首偈子的意義，從抉擇空性的角度而言，第一偈的前兩句是抉擇見解，後兩句講修的光明；第二偈則分別講行、果。

此外，對《六祖壇經》的解釋，我覺得可以有不同方式。尤其是第二品，可從見、修、行、果，或基、道、果方面來講。也就是說，結合中觀的抉擇方式來理解，可能更好。

問：為什麼念《心經》能遣除違緣？

堪布答：《心經》所講的是空性精華。我們之所以會遭遇恐怖、災難、違緣等侵擾，根本在於對人我和法我的執著。倘若證悟了無我空性，斷除了人我執和法我執，一切魔障就沒有猖狂的餘地了。

《心經》宣講的是最殊勝的般若空性，以此空性的威力，再加上《心經》的加持力，內外密的一切違緣都能被遣蕩無餘。

所以，佛經中專門有《般若心經回遮儀軌》，裡面就說了，往昔帝釋天怎樣祈禱《心經》，我們也如是祈禱的話，魔王波旬等一切違緣都會化為烏有。

問：作為一個世間人，怎麼樣將世間法與佛法圓融？

堪布答：嚴格來說，世間法和出世間法有許多相違之處，真正要做一個非常好的修行人，必須要看破世間上的很多東西。

但若沒有這麼嚴格的要求，作為一個在家人，也可以將佛法與日常生活結合起來。比如說，每天對自己有一個要求，儘量念誦一些咒語、作一些觀想。同時，無論接觸任何人、在任何環境中，皆應以慈悲心來對待。即使遇到一些坎坷不平，也能以佛教的教言提醒自己，看得比較淡，不要特別執著。這樣以後，應該就能做到二者的圓融。

現在也有一些非常了不起的修行人，將世間法與出世間法儘量兼顧，一方面自己的修行特別好；另一方面，依靠佛教的慈悲教義，對社會乃至整個人類，也做出了極大的貢獻。

問：佛法有一個「空性」的概念，但現代與古代相比，已經發生了很大變化，那麼在這樣的時代中，空性觀怎麼很好地培養起來呢？

堪布答：不管是哪一個時代，佛教的空性觀都不受影響。

如果你真想培養佛教的空性觀，我建議最好學習一下龍猛菩薩的《中觀根本慧論》、月稱菩薩的《入中論》、聖天論師的《四百論》。這三部論典學了之後，你對萬法皆空會有一定的認識，在這種見解的前提下，面對現實生活是很有幫助的。

我經常在想，現在人們忙忙碌碌，如果對佛教的空性觀能有所認識，那不管遇到什麼挫折，也不會如此痛苦掙扎。所以，很希望大家在面對生活的同時，也學習一些加持非常大的空性教理。

問：對凡夫俗子而言，我們無法看到前世後世，也無法看到天堂地獄，怎麼知道它真實存在呢？如何來建立真正的因果信仰？

堪布答：建立這樣的觀念，並不是很容易的事。不僅僅是天堂地獄，包括太陽系、銀河系、黑洞等天文學的甚深領域，也不是我們肉眼的對境。但肉眼看不到的宇宙奧秘，可以天文學家的發現和理論作為根據。那麼同樣，佛教所講的那些真理，完全是以佛的教證為依據，因為我們的肉眼所見非常有限。

以前霍金博士曾來北京作過演講，但由於他的理論太玄奧，很多清華、北大的學子都沒聽懂，甚至有人提前退場。在他的發現中，宇宙不單單是原來的三維空間，而且還存在著多維空間，維數可擴展至十一維。這就說明，還有許多我們肉眼看不到的神秘領域存在。

包括愛迪生、伽利略、牛頓等科學巨匠，也都承認有天堂和地獄。這一點，從他們的傳記中就看得出來。

所以，誠如佛教因明的《釋量論》中所說，我們眼睛看不到的，並不代表一定沒有。尤其是有些比較甚深的領域，即使眼睛看不到，也可以通過推理得出它的存在。

問：在一些寺院的旅遊景點，常有賣印《心經》的T恤，這些衣服可以穿嗎？

堪布答：不可以，有非常大的過失。衣服是用來遮體取暖的，而佛菩薩及經咒是要恭敬頂戴的。佛陀說過：「末世五百年，我現文字相，作意彼為我，爾時當恭敬。」將文字印成的《心經》穿在身上當裝飾，可能只有不懂因果的人才敢這樣做。

如今這種現象比較普遍，許多廠家為了賺錢，就琢磨現代人求保佑的心理，投其所好，將佛菩薩像、《心經》、咒輪等做成工藝品，或者印在衣服上。以前也有人供養我印《心經》的杯子、筆筒，這些我都不敢用，不知道該怎麼處理。

如果這種趨勢不改，以後會不會將《心經》印在褲子上也不好說！

問：但穿上這種衣服，走在大街上，可以給看到的人種下善根。

堪布答：種善根可以用其他方法，這樣做的話，弊大於利。而且，你穿這種衣服，發心是否完全為利他也不一定。

問：如果有這些衣服或工藝品，應該怎麼處理？

堪布答：儘量供在佛堂上，不要自己用。

問：出家人不能喝酒，也不能吃肉，但為什麼濟公活佛會說「酒肉穿腸過，佛祖心中留」？

堪布答：這句話的後面，濟公和尚緊接著還說了一句：「世人若學我，如同進魔道。」

濟公和尚是歷史上公認的成就者，他「酒肉穿腸過」的話，可以做到「佛祖心中留」。如同一些前輩大德，修行境界特別高時，肉和菜、酒和水對他完全沒有差別。古印度就有一位大成就者，喝完酒以後，酒可以變成水，從指尖流出來。同樣，濟公和尚也有這種非凡的境界，喝酒、吃肉對他並不會有障礙。但我們作為普通的出家人或修行人，千萬不能盲目地去模仿。

如今很多影視作品裡，經常斷章取義，只取這段話的前半部分，以此作為自己可以吃肉喝酒的佐證。甚至好多根本不懂佛法的長官，喝酒時也喜歡把這句話掛在嘴邊。我在藏地就有一個朋友，天天喝得爛醉如泥，別人去勸他時，他總拿這句話來搪塞。實際上，當他醉得人事不省時，留在心中的肯定不是「佛祖」，而是「酒肉」。

所以，不管是出家人、在家人，最好不要說大話，你還沒達到濟公和尚那樣的境界之前，切莫用這種話來為自己造惡業找藉口。

逆境

問：您說心理學是一門教人幸福的學科，我本身就是心理學專業的，但很不幸，我感覺自己並不幸福。二十多年來，我生活一直不順利，很小的時候家庭變故，學業上從初中、高中之後，也是幾經磨難才進入大學；現在我都大三了，也憧憬過在大學談一場戀愛，但截至目前，我追過五個女生，卻沒有一個願意答應我。

這些不知道是否可以稱為「磨難」，但面對它，我沒有想過自殺，也沒有試過自殺，一直都是耐心忍受的。可我心裡一直都不快樂，覺得最大的困惑，就是我不知道為什麼來到這個世上，難道只為了經歷這些磨難嗎？只是為了受苦而來嗎？

按照佛教的說法，這應該是我的因果報應，今生經歷了這麼多磨難，也是自己前世造了很多孽。但我怎樣才能在現世就得到一些好報，消除這些磨難給我的負面影響？

堪布答：你說心理學無法給你帶來幸福，但榮格的心理學，尤其是佛教中探索心靈的內明學，如果你學了以後，肯定能逐漸找到幸福感；你說自己從小到大，生活中頻頻發生各種不如意，但我從你的描述中發現，有些也不一定不如意，只不過它好的一面被你忽略了而已。

不過，正如你剛才所說，你今生所經歷的一切，都跟前世的業力有關。畢竟有時候由於前世的業力，即生中的努力可能會付之東流。比如，有些人成績非常好，但往往在考試時不成功；有些人的人品不錯，但常常被很多人誤解；有些人社會關係很廣，但仍然無法做一番事業。

業力就相當於一個大網，它廣闊無邊、遍及一切。如果你們懂得因果的道理，一旦自己遇到很多磨難，就應該好好地懺悔，這樣才能彌補前世所造的惡業。

當然，生活中的順與不順，也不可能一成不變。只要你心態調整過來了，不順就可以變成順緣；但若心態不對的話，就算是順緣，也可以變成違緣。比如有些人從小歷經了各種打擊，這種人生看似很苦，卻可以讓他的內心不斷強大起來；有些人從小就被當成小皇帝、小公主，要什麼就有什麼，生活無憂無慮，但到了社會上以後，特別特別脆弱，一丁點委屈也忍受不了。

因此，我們生命中的苦難，不一定都是不好。若能把它視為磨練自己的機會，你的人生就會越來越有價值，將來也才會有出息。

放下

問：我之前也讀過很多佛學故事，都說不管遇到什麼事，要耐心忍受，然後放下、看淡。但我現

痛苦的根源就是執著。
即便只有針尖那麼小的執著，
也會引來綿綿不絕的痛苦。
對於自己執著的，得到了，患得患失；
得不到，傷心欲絕。如果沒有執著，
這一切得失又與你何干？

在的問題是，可能因為自己修養不夠，就是放不下、看不開，這個怎麼辦呢？

堪布答：放下，並不是那麼容易的，不是說放下就能放下的。你必須要先懂得道理，然後經過很長時間的修行，才能慢慢放得下來。

就像一個患有膽病的人，明明知道眼前的海螺是白色，可在病沒有好之前，看到的一直是黃色。同樣，你說很多道理自己都懂，但實際上這不叫懂，只是字面上理解而已。如果你真的懂了，面對任何磨難都不會執著、痛苦。

所以，理解和通達還是有一定的差別。

問：我在生活中遇到一些問題時，通常是以包容別人而收場的，但對方往往不理解，反而認為我很傻，這樣我就很鬱悶。怎樣才能在我包容別人與我不鬱悶之間達到一種平衡呢？

堪布答：這種現象在當今比較常見。包括有些人學儒教思想，懂禮貌的話，有些老師和學生就常欺負他。現在這個社會，大多數人對善良都帶有蔑視態度，所以，極個別人行持善法、包容他人，不一定會受到認可。但即便如此，我們也不能拋棄自己的善良、包容。

藏地曾有一位偉大的佛學家，叫米滂仁波切，他就說過：「縱然整個大地遍滿惡人行持惡法，我也不會改變自己高尚的行為，要如淤泥中的蓮花一樣清淨。」

在這個過程中，即使別人認為你很傻、很蠢，你也會覺得問心無愧。只有這樣，不管你自己還是這個社會，將來才有一點希望。

問：假如有人對一些事情很抱怨，想法也很執著，怎麼樣才能讓他放下呢？

堪布答：有些人常對外境有諸多抱怨，這是不太合理的。為什麼呢？因為當他在抱怨時，總是盯著別人的毛病看，卻從來沒有反省過自己。一件事情不成功了，他就拼命地埋怨別人；一旦成功了，又覺得全是自己的功勞，很多人都有這樣的習氣，這個特別不好。

其實，我們應該反過來想：當這個事情成功了，都是別人的貢獻；失敗的時候，則是自己的過失。我們藏地就有一句著名的格言：「虧損失敗自己接受，勝利利益奉獻他人。」這種精神非常偉大，理應成為我們為人處世的準繩。許多人之所以在生活中跟別人合作時，常常出現一些不愉快的現象，也正是因為這句話沒有做到。當然，這一點做起來並不容易，但即便如此，我們還是應該朝這個方向努力。

至於你想讓他放下執著，這不是說放下就能放下的，他必須要先懂得道理，然後經過一定的修行，才能做到「收放自如」。要知道，生活中的任何一件事情，當自己特別執著時，肯定放不下來。只有通過各方面觀察，發現它也不過如此，放下才會易如反掌。

問：現實社會中，我們因欲望產生很多虛榮心、攀比心，往往忘記了自己是誰，自己真的需要什麼。如何才能做到尋求自我、反觀自我？

堪布答：現在的人們，虛榮心確實特別強，攀比心也很厲害。在這樣一個社會中，我們的內心要想安寧，必須有一種正確的信仰。否則，你就會盲目地追求金錢，內心欲望無有止境，絕不會有快樂可言。

如今有個口號是：「要滿足人們的生活需求。」但實際上，「需求」是滿足不了的，人心就像是填不滿的無底洞，假如不懂得知足的話，想用物質來滿足是很困難的。

大家在日常生活中，除了追求必要的物質以外，也不能忽視內心的安寧。而若想做到這一點，釋迦牟尼佛的教法中有最完美、最究竟的答案。

問：佛陀當年正是看到眾生的苦，為了想辦法解決，才出家修行，最終成就了佛果。那我們學了佛以後，儘管也期望有一天能成佛，但現在的心力不像佛陀那麼大。在這個過程中，經常遇到痛苦怎麼辦呢？

堪布答：經常遇到痛苦的話，容易生起出離心，把它變成一種成就的動力，這就叫將痛苦轉為道用，此舉對我們修行人來講非常重要。

在藏傳佛教中，很多大德並不希望成天順順利利，否則，修行就沒什麼進步了。作為大乘修行人，一旦遇到敵人、生活中出現不順，絕不會像世間人一樣痛苦，而是像拾到了如意寶般開心，以此可檢驗自己的修行境界如何。

猶如高明的醫生，能將山上所有的草，都配成良藥；同樣，真正有修行的人，不管遇到什麼樣的痛苦，都可以把它轉為道用，變成解脫的一種助緣。

問：五年前我斷了韌帶，一直很痛苦，這幾年沒有敢運動。幾個月前，我再做運動時，竟然又斷了同一條韌帶。為什麼我這個身體這麼弱，好像經常都有病，我該怎麼解決呢？

堪布答：任何一種病，都要依靠中醫或西醫來治療，這是佛教也很提倡的。然後在這個基礎上，再應該調整一下自己的心態。

就我個人而言，十年前得過僵直性脊髓炎，很多醫生都說這沒辦法治，一輩子會非常痛苦，同時我還有肝炎、慢性胃炎。曾有一個醫生，看了我的檢查報告後說：「你這個人很倒楣！這麼多難治的病，全部出現在你一個人身上。」

如果我沒有學過佛，可能心裡會非常痛苦。但因為學了大乘佛法，說實話，我並沒有把這些當回事，覺得這個身體再怎麼保養，遲早也會腐朽的，不管自己能再活多少天，都應該做些有意義的事情。

所以，當醫生看了我的報告後，說我可能活不了很久時，我就趕快在廈門找個地方，以閉關的方式翻譯《釋迦牟尼佛廣傳》。這部論沒有譯完之前，我很擔心中途會離開世間，如果能善始善終的話，我就沒什麼遺憾了，這些我在日記《旅途腳印》中也寫過。結果過了這麼多年，這幾個病奇蹟般地全部好了，現在就沒有什麼了。

因此，我們作為病人，不要老想著自己痛苦怎麼辦，不要太把它當回事。其實生病也可以，不生病也可以。假如這個病總好不了，那是自己前世的業障，以此可觀想代眾生受苦。平時有這種心態的話，遇到什麼都會快樂。甚至到了一定時候，你的病會不藥而癒。

退一步說，就算它好不了，這個世上也不只有你我會死，所有的人最後都會離開。沒辦法，輪迴就是這樣！

問：到目前為止，您人生中遇到的最大痛苦？您是怎麼面對它的？

堪布答：我是一九六二年生的，現在快五十歲了。回顧自己的人生，我小時候讀書很晚，十五歲才開始上小學，之前一直是文盲，天天放犛牛。當時我弟弟不肯去學校讀書，家人害怕被罰款，實在沒辦法，就把我送去替弟弟讀了。到現在，弟弟也常跟我開玩笑說：「我對你的恩德很大，否則，你一輩子只是山上的牧童，不會有讀書的機會。」

我沒有上學之前，一直都在放牛，有時候犛牛丟了，或者被狼吃了，我就不敢回家，心裡非常的痛苦。

之後，我在學校裡讀書時，沒有評上什麼，或者因為一些摩擦，跟別的孩子打架輸了，這個時候也很痛苦。

後來，出了家以後，到現在二十多年的時間裡，我把全部精力投入學佛，一直看書、一直禪修。在這個過程中，我好像想不起來有什麼痛苦。

我在一九八五年出家，二〇〇五年我們師範的同學開了個同學會，在所有的同學中，只有我們兩三個出家人。當時每個人講了自己這二十年的經歷，有些同學結婚了，有些離婚了，有些結婚了但兒子死了，丈夫死了……這樣那樣的痛苦特別多，好多女同學都是邊哭邊講的。但我們幾個出家人，確實沒有特別強烈的痛苦，到目前為止仍是如此。

我自身的話，一出家就依止法王如意寶系統聞思，明白了中觀空性和大乘佛教的利益，再加上周圍的環境也很清淨，所以記不起來有什麼痛苦。後來，雖然我父親死了、親戚死了，但這些在我的人生中，好像沒有感覺是一種痛苦。所以，佛教真的對消除痛苦非常有力，這並不只是口頭上說說。

皈依

問：佛教中講的「皈依」是什麼意思？

堪布答：所謂皈依，簡單來說，需要通過一定的儀式，自己決定從現在開始，投靠依止佛、法、僧三寶，遵循佛陀的教言去做。廣而言之，皈依還有共同皈依、不共皈依，以及密宗特殊的皈依等許多分類。

佛教中的皈依，並不是強迫性的，而是出於個人自願。

問：藏傳佛教中強調依止上師，這是否與佛陀要求的「依法不依人」相違？

堪布答：並不相違。佛經中講「四依」時，是提到了依法不依人。表面上看來善知識是人，好像不能依止，但實際上不是這個意思。

藏地的米滂仁波切，曾造過一部論典叫《解義慧劍》，我也翻譯過，裡面對「四依」就講得比較清楚。其實，依法不依人的意思是，我們在修行的過程中，關鍵要依止佛法所講的內容，比如修出離心、菩提心。

如果一個人的名聲不錯、很有財富、粉絲也多，但他講的卻與經論不符，那要聽他的還是聽經論的呢？肯定要聽經論的。

當然，若想真正「依法」，首先要依止一位具法相的善知識，這是必需的一個前提。否則，就會像《華嚴經》中所說，假如沒有善知識的引導，你再怎麼樣有智慧，也不可能精通佛法的真諦。那麼如此一來，有沒有依人不依法的過失呢？是沒有的。因為甚深的佛法若不依靠上師指點，單憑自己的智慧，肯定無法揭開它的神秘面紗。

現在有些人說：「藏地修皈依時，還要皈依上師。我們漢地就不需要，只是皈依三寶就可以了。」這種說法不合理。其實漢地也有四皈依，像唐朝的《瑜伽集要焰口施食儀》裡，就清清楚楚提到了「皈依上師、皈依佛、皈依法、皈依僧」。

漢地不少人皈依以後，特別喜歡辦皈依證，我們藏地一般沒有這種傳統，只要是三寶弟子就可以了，並不需要辦什麼證。你皈依的對象，可以有三寶總集的上師，也可以直接是三寶。但不管是哪一種，我們都應該明白，佛教就像世間的大學，它的教學內容很重要。這個內容相當於佛法，而佛法依靠誰來指導呢？就是上師。如果沒有上師，相當於學校沒有老師一樣，它的教學內容再好，也沒辦法讓很多人接受。所以，這之間的關係應該這樣來瞭解。

問：作為漢地弟子，皈依上師時，無法像藏地弟子般，有多年的觀察，更多是隨緣皈依。倘若上師傳法皆如理如法，弟子就會對上師深具信心；可有時候，一些弟子知道上師置豪宅等事情後，就會有損對上師的信心。面對如此情況，我們應當怎麼辦？如何判斷上師的顯現？

堪布答：我覺得，漢地弟子應該也有觀察上師的條件。你們有時間，也有各種因緣，藏人有的，漢人為什麼沒有？

現在漢地很多人，聽說來了個上師，不經觀察就馬上依止、接受灌頂，這是很草率的。世間人選擇終身伴侶的話，也不可能在街上隨便抓個人就去結婚，而需要經過幾個月或一年的調查，至少瞭解一下他的家庭背景、性格如何。那希求生生世世的解脫比這更重要，觀察上師就更是必不可少了。所以，漢地弟子以前不觀察上師的做法，是很不合理的，今後大家應該像藏地弟子一樣，對於想依止的上師，要經過多方面的觀察。

如果你上師是具德善知識，真正對弘法利生有利，那他對豪宅、財富肯定不執著，而會視如糞土，就像以前蔣揚欽哲旺波的故事一樣。我就遇到過一位上師，他在一個城市裡，別人供養了很好的房子。我跟他開玩笑說：「你現在有車有房子，跟世間人沒什麼差別了。」他笑笑回答：「說實在的，我對這棟房子的執著，還不如對我那個牛糞棚的執著大。」我認識這個人，他並不是在說大話。所以，對有些上師來說，不管他有多少錢財，根本不像世間人那樣貪執，只是把它當成石頭一樣。

像這種人的話，豪宅再多也無所謂，這個並不是很關鍵。

但有些所謂的「上師」，根本不具足法相，比一般世間人還差，整天都在為錢財而蠅營狗苟，各種行為完全不是在弘揚佛法。對於這種人，大家就一定要遠離。

如今漢地很多城市裡，有許多好的上師，令大家有皈依、學佛的機緣，倘若沒有他們的話，很多人會永遠沉溺在輪迴當中；但也有一些不好的上師，到了最後，他們的劣跡會暴露無遺。

所以說，這個世間魚龍混雜，許多現象要擦亮自己的眼睛去觀察。

問：我馬上要畢業了，面臨著很大的就業壓力，那麼我現階段應該把所有精力都放在學習知識上，還是拿出一部分確保每天的修行？哪個對我將來的人生更有意義？

堪布答：這個可能要根據情況。一方面學習不能落下，你們作為高年級的大學生，很快就要面臨人生的轉捩點了，辛辛苦苦學了這麼多年，到最後應當融入社會、回饋社會，此時最好不要因為學佛，就放棄了自己的學業。

學佛不要影響自己的正常生活，不要為了完成既定的修行數量，就耽誤學業和工作。假如你暫時不能完成的話，等以後各方面有條件了，這些可以再補上。

慈悲 三

問：請問，在汶川地震的時候，王菲曾唱過一首歌叫《心經》，這首歌的要義是什麼？唱出來的話，對眾生有怎樣的利益？

堪布答：王菲唱的《心經》我也聽過，並建議大家大力推廣。《心經》主要講了眼耳鼻舌身、色聲香味觸等一切皆空。我們這個社會有非常多的痛苦、掙扎，萬法也有各種各樣的不同形象，但這些追究到本源，其實完全是空性。

所以，《心經》的主要精神，就是讓我們對萬法斷除執著，這是一種至高無上、不可思議的境界。釋迦牟尼佛在第二轉法輪中，就講了這種般若空性，而般若空性法中最根本的一部經，即是《心經》，這種智慧就像人的心臟一樣。

我們平時若能念《心經》、唱《心經》的歌，內心的各種分別念就會減少。

我認識一位老師，她說自己心裡特別煩時，念一遍《心經》，心就能安靜下來，然後再坐一會兒，原來的痛苦便全部消失了。

問：您在給日本災難迴向的時候，用到了「嗡瑪尼貝美吽」。有些大師說「嗡瑪尼貝美吽」代表一種無上的智慧，到底這幾個字代表什麼意思？

堪布答：「嗡瑪尼貝美吽」是觀世音菩薩的六字真言，功德不可思議，這在有關論典中都有描述。如果給死去的亡人念「嗡瑪尼貝美吽」，他即使原本要遭受痛苦，通過這種聲音的無上力量，馬上也能獲得快樂。

尤其是現在災難頻頻發生，我們若能祈禱觀世音菩薩，念他的咒語，以這種力量就能最大程度地化解災難。這方面有許許多多的教理可以說明。

總而言之，它不僅是一種無上的智慧，還是非常強大的無形力量。

問：現在網路特別發達，資訊也更加公開，可以看到很多不良的社會現象。作為一個知識份子，我們應通過網路去揭示這些不公正的現象，以喚醒更多人的正義感，還是把心放在修證上，讓自己能以一顆更清淨的心，面對周遭的生活？

堪布答：現在是網路資訊時代，跟古時候完全不同，跟上個世紀也完全不同。現在任何一件事情傳到網上，無數人馬上就知道了，所以，網路的力量確實非常強大。我們應在不影響修行的同時，依靠網路這一手段，將真正有價值的知識，與更多的人分享，哪怕你能幫助一個人，這也非常有意義。

如今很多人特別迷茫、痛苦，人生沒有方向和目標，整天都在網上尋找心靈的寄託，結果不但找不到，反而遇到了一些邪師，把自己迅速地引入歧途。所以，在這個時代，我們依靠網路來救護他人的慧命或者生命，是至關重要的！

當然，沒有利他心的話，那就另當別論了。但你若是有利他心，在修行基本不受影響的同時，應該想方設法地幫助一些眾生。甚至就算修行受到了一點影響，也應把眾生的利益放在首位。

現在的網路世界，充斥著烏七八糟的負面資訊，人心一代一代被染污得不知方向，外在環境也被工業染污得面目全非，連呼吸都沒有新鮮的空氣。內外都如此不淨的話，人活在這個世界上，不要說來世，今生都相當不健康，身體不健康，心理也不健康。

所以，希望大家以後在網路上，儘量弘揚一些正面的傳統文化和有利的知識，否則，網路沒有被好的思想占據的話，人類的未來確實堪憂。

生死三

問：我有一個朋友，現在身患絕症，可能沒有多長時間了。他也是剛剛得到這個消息，心裡非常難受，沒辦法接受這個現實。我很希望能幫到他，但也無計可施。請問，怎麼樣用佛法去幫助他呢？他該如何面對剩下的日子？

堪布答：很多人在接近生命最後一刻時，確實會感到非常悲哀。從世間的角度講，你再有錢、再有地位，死亡來臨時，也不可能讓自己多活一天。所以，「蘋果」創始人賈伯斯從十七歲起，就把人生的每一天當最後一天過，這也是明白了佛教所講的「諸行無常」。

現在很多人都有這樣的心態：「別人死了，我不會死。」這無疑是在自欺欺人。要知道，我們的身體特別脆弱，誰也無法預料明天會不會出車禍，明年會不會得癌症。所以，每個人應該提前有個心理準備，平時不要浪費生命，而要好好把握當下，為眾生、為社會多做些有意義的事情。若能如此，縱然突然面對死亡，你也不會驚慌失措，有很多的遺憾。

賈伯斯年輕時就開始學佛了，他經常思維無常的道理，所以死時可以特別坦然。而你的朋友，不一定是學佛的；即使學了佛，也可能沒有真正修過，沒有把無常時時掛在心上。因此，讓我現在告訴他一個訣竅，使他馬上就有勇氣面對死亡，這可能不太現實。

不過，你也可以跟他講：死亡，並不是生命的永遠終結，而是下一期生命的開始。我們的這個身體，只不過是一個「旅館」，是暫時的一個住所，沒有什麼好執著的。面對死亡，恐懼沒有任何用處，現在最有用的是，應當抓緊時間多做善事，為來世多做一些準備。

一方面這樣開導他，同時，最好讓他多念觀音心咒、阿彌陀佛聖號。或許依靠三寶的加持，最終出現奇蹟也不好說。我就認識一個大學生，她也得了癌症，後來她放下一切，臨死之前一心念佛，結果癌症奇蹟般地消失了。所以，有時候心的力量非常神奇。

其實，我們每個人都會死亡，只不過是遲早而已。假如死到臨頭才開始信佛，臨時抱佛腳，這不一定能扭轉乾坤。

所以，希望大家也能以此為戒，對死亡提前要有所準備。古往今來，不少佛教徒在死時特別安詳，這是什麼原因呢？就是他們平時經常串習、觀修。就像一個軍人，平時訓練有素的話，一旦真正上了戰場，才能做到臨危不亂，很多本事才用得上。

問：我有位不信佛的親友，忽然之間得了癌症，如何以佛教去利益他呢？

堪布答：看他能不能接受佛教的一些理念。如果能的話，最好給他念些阿彌陀佛的名號、釋迦牟尼佛的名號，或者讓他自己誦一些咒語，與佛教結上善緣。除此之外，可能也沒有別的辦法了。

如果他實在不能接受，不願意信仰佛教，那我們可以默默地給他迴向，甚至臨終時在他耳邊念些佛號，這也能起到一定的作用。

問：一個人往生時，若見到有親人攔阻，怎麼辦？

堪布答：人死後進入中陰時，若有正見想要往生，途中遇到有人來勸阻：「我是你的某某親友，不能去啊！」「你應該考慮我們的痛苦，回來啊！」此時應該想「這是我往生的一種障礙，不能聽他們的」，然後就勇往直前。

恰美仁波切在《極樂願文》裡有一則比喻：往生極樂世界時，對一切都不要貪戀，應像從網中解脫出

假設你可以活八十歲，一年三六五天算下來，
你一生才二萬九千多天，不到三萬天。
所以，人生真的很短，你還捨得浪費嗎？

來的老鷹一樣，義無反顧地衝向天空。

問：人在臨死之前，還需要有哪些準備？

堪布答：如果有一些財產，則應儘量捨棄，比如用來供養僧眾、供養三寶等。倘若實在來不及，就從內心裡放下，這也很重要！

阿彌陀佛的有些修法要訣中說：我們在臨終時，裡裡外外的死相已經出現，自己也知道肯定活不了，那時候不要執著任何財產，也不要執著這樣那樣的東西。假如來不及捨棄，就在心裡想：「我從無始以來於輪迴中一直流轉，今生終於遇到了往生法，我一定要捨棄對眷屬、財產的貪戀，唯一希求往生。」

這就是上師們的教言，是非常重要的教言！臨死時，我們很可能貪著「我的親人」、「我的房屋」、「我的存款」等等，如果出現了這些念頭，就不可能真正往生。所以，不能貪戀任何事物，要全部放棄。

現在所學的教言，可能有些用在臨終時，有些用在中陰時。但不論是臨終還是中陰，大家都要儘量憶念這些教言，並真正用上，這是相當關鍵的！

問：我看到很有名的一本書叫《西藏生死書》，是索甲仁波切寫的。但我翻了好幾遍，始終都看不進去。我想得到您的一些指點，或者您對那本書有什麼看法？

堪布答：《西藏生死書》，你實在看不進去的話，我也想不出什麼好的辦法。

這本書，實際上在國內外受到很多人的歡迎，我也看過它的漢文本，看了之後的感覺是什麼呢？這就是蓮花生大士的中陰訣竅，然後再加上作者與根本上師的對話、某某西方人得癌症的故事，穿插一些現代人喜歡聽的、比較關心的道理在裡面。

一九九三年，我去法國時，見過索甲仁波切。當時他這本書是用英文寫的，正準備要譯成中文。他剛開始想讓我翻譯，我說自己一方面水準不夠，另一方面時間特別緊，恐怕沒辦法，最好還是找比較出名的人。

後來他找了臺灣的鄭振煌教授翻譯中文，又請錫金的一位堪布譯成藏文。但藏文版目前還沒有看到，不知道進度怎麼樣了。

當時《西藏生死書》英文版的效果很不錯，索甲仁波切就又將它譯成德文，印了好幾本書。恰好那天法王剛剛到他的道場，他觀察緣起非常好，便將德文版的《西藏生死書》給法王一本，給我一本。

索甲仁波切說，當時西方很多人雖相信因果，但對前後世存在、面對死亡的概念比較欠缺，於是他就寫了這本書，希望進一步提升他們的生死觀。

再後來大家也知道，西方人依靠這本書的引導，對生死確實有了新的認識，中陰訣竅在西方非常受歡迎。因為他們很多人身體不舒服、心情不舒服，尤其是最後面對死亡時，都有一種恐懼感，而中陰訣竅所揭示的道理，正好可以消除這種心態。鑑於此，索甲仁波切把中陰法門的某些內容，與現代人的心理結合起來，然後編成了這本書。

《西藏生死書》，我認為有兩個特點：第一、作者對上師有非常大的恭敬心，處處提到了他今生所得到的知識，全部來自於上師的恩賜，從頭到尾都在感恩上師，這是最感人的地方；第二、它將佛教的原始教義，融入當前的生活中，然後展現在有緣者面前，這也是相當難得的。

所以，如果你不是特別困難，最好還是能再看看，也許慢慢就看進去了。

修行三

問：自從學佛以後，周圍人常問我：「你為什麼要學佛？它能帶給你吃嗎？」我不知該如何回答。

堪布答：你可以反問他：「人活在世間上，難道只為了吃嗎？」

問：但這樣解釋的話，他們還是會有疑惑。

堪布答：沒事，如果用道理給他們解釋，他們應該會明白的。但若連道理都不聽，那就沒有辦法了。學了佛以後，肯定有人對我們不理解。但通過學佛，自己獲得了今生來世的利益，以這種利益去感化別人，讓他們接受，應該不是很困難！

問：一個人覺得活著的痛苦大於死亡的痛苦，他該怎麼辦？

堪布答：叔本華不是說過嘛，該自殺！（眾笑）

問：但自殺並不能獲得解脫。

堪布答：是不能解脫，但活得那麼痛苦也不能解脫啊——開玩笑！要祈禱三寶。若能好好地祈禱，今天雖然這樣覺得，也許明天的心態就變了。我們藏族有句俗話：「晚上睡覺時的心態，早上醒來後就沒有了。」

問：那為什麼有的人會想自殺，這是前世的串習嗎？

堪布答：也許是暫時的違緣造成，也許是前世的惡業成熟，有兩種可能性。

問：弟子感到心不安，請上師用密宗的方法幫弟子安心。

堪布答：你需要達到什麼程度？

問：沒有分別念，處於一種光明的狀態中。

堪布答：那你學燈泡就可以了！（眾笑）

問：如果平時對父母很孝順，但夢中卻惡口謾罵父母，這個有沒有罪過？

堪布答：有。

問：那該怎麼懺悔？

堪布答：嗡班雜薩埵吽。

問：我父親身體不太好，經常頭痛，母親就每天早上在佛前供杯清水，誦幾遍一切如來心秘密寶篋印咒，再把水給父親喝，父親頓時覺得頭痛緩減了。但未經過上師灌頂的人，是不是不能輕易誦密咒？母親這樣做是否如法？

堪布答：任何密咒，都最好是得過灌頂之後再念。但即使因各方面的原因，沒有得到傳承和開許，它的作用也是有的，持誦不會犯特別大的過失。

現在藏地也好、漢地也好，很多人念咒語不一定得過傳承，但念了以後，還是會有感應、有加持。

問：您以前是怎麼修行的？

堪布答：我本人對修行十分有信心。以前剛出家時，不管是背書、辯論，還是自己講課，在十來年中還是很精進，心中除了學習佛法以外，什麼都沒有，修行上也一直保持夜不倒單。

但後來修行就比較放鬆了，主要是因為要管理漢地來的很多修行人，需要給他們翻譯。沒有翻譯的話，他們聽不懂藏語；而要翻譯的話，對自己精進禪修還是有一定的影響。

問：您在修行的時候，會不會有過懷疑或者動搖？您是如何克服的？您有沒有開悟的體驗？

堪布答：我自己確實是個凡夫，但對釋迦牟尼佛有虔誠的信心，對生死輪迴有不可退轉的定解。如果別人說前世後世不存在，我絕對不相信，並且有千百個理由可以破斥他；如果別人說佛教不好，怎麼說是他的自由，但我不會有絲毫動搖，因為我從骨髓裡對佛的誠摯信仰，在有生之年是不可能變的。這並不是一種簡單的信任，而是通過二十多年聞思修佛法，點點滴滴積累起來的，最後變成了一種「固體」。在我的血液裡，這樣的信心「固體」不可能輕易融化。

不過，作為一個凡夫，我看到很多好吃的東西，肚子餓了的話，心還是會動搖。這時候也覺得很慚愧，口口聲聲給別人講空性，自己卻做不到言行一致。所以，說證悟的話，我不算什麼證悟，更沒有開悟，只不過對佛教有一顆堅定的信心而已。

問：您說會在空餘時間讀泰戈爾、莎士比亞的詩，那您會讀倉央嘉措的詩嗎？您對他的詩怎麼看待？

堪布答：我很喜歡倉央嘉措的詩，在讀的過程中有兩種感受：第一種，倉央嘉措是非常偉大的一位詩人，他用淺顯易懂的語言，以人們特別執著的感情為切入點，逐漸將我們引入看破、放下、自在的境界。

還有一種，從倉央嘉措的密傳或傳記來看，在當時的歷史背景下、在那樣的生活環境中，他仍灑脫地面對現實。當飽受各種挫折時，不但沒有怨天尤人，被痛苦打敗，反而還能寫出那樣的詩歌，描寫心裡最微妙的境界，如此高尚的情操非常值得讚歎。

倉央嘉措的情歌，實際上有外、內、密三層意思。世間人大多只懂外層的意思，覺得這適合在家男女的心意，卻不知它裡面還有更深的修行教言。

命運

問：我剛接觸佛教，所瞭解的就是因果論，還有教導人要心平氣和，去接受以前的一些事物。但我是大學剛畢業的學生，要為未來的理想去努力、去拚搏、去奮鬥，這又是另外一種感覺。這兩者之間是不是一種矛盾？如果是的話，那應該怎麼去解決？

堪布答：不管你為了什麼理想而奮鬥，心平氣和都不可缺少。假如心浮氣躁、心不平靜，在這種狀態下做事，成功率不會很高。

那怎樣才能心平氣和呢？佛教中告訴我們，做事之前首先要觀察自己的心，心善就可以做，心惡則不要做。什麼叫心惡呢？指做事的動機是準備害社會、害別人，此時心肯定不平靜。所以，你若要追求自己的理想、實現自己的目標，就應當朝利他的方向邁進，如此才能心平氣和，這二者之間也不矛盾。

佛教對待生活的態度，其實不是有些人所認為的，完全是一種消極、一種逃避，不追求現世的成功。當然，追求成功也需要前世的福報，不然，今生中再怎麼努力，最終也會事與願違。

有些人經常抱怨：「我比別人付出得多，但別人已經成功了，為什麼我不成功？」這說明你前世沒有積福。積了福報的話，做什麼都會如願以償，很容易成功。這個問題很多人要懂，否則就會怨天尤人，總覺得社會對自己不公平。

問：《賢愚經》中提到無常四邊：「聚際必散，積際必盡，生際必死，高際必墮。」請問，此偈對我們生活有什麼作用和影響？

堪布答：這些道理特別重要。表面上看來這個偈頌很簡單，但實際上，大家若能通達其中奧義，在人生中遇到痛苦時，就有面對的能力。

現在這個社會，經常會有人自殺，自殺的原因若追究起來，不外乎以下幾種：一、不懂聚際必散，尤其在感情上緣分盡了，今天兩人在一起，明天卻分手了，自己就實在接受不了；二、不懂高際必墮，原來高高在上的地位一旦失去，便喪失了活下去的意義；三、不懂生際必死，自己最親近的人若死了，或者自己得了絕症，拿到病危通知時，完全沒有勇氣面對；四、不懂積際必盡，辛辛苦苦積累的財富，若是某一天突然沒有了，自己就開始痛不欲生。以上這林林總總的痛苦，若能明白無常四邊的道理，就會全部迎刃

佛教中之所以說「苦」，
並不是不承認生活中的一些快樂。
但這些快樂往往稍縱即逝，
只是偶爾的「點綴」，
卻不是人生的「底色」。

而解。

曾經有一次，我的小學裡有三十多個學生畢業，因為就要離開母校了，他們一個個泣不成聲、戀戀不捨。於是我專門講了一個教言，告訴他們「高際必墮、生際必死、聚際必散、積際必盡」，這無常四邊務必要好好記住。如果懂了這個道理，面對生活、面對世間時，就能做到一切隨緣，不會特別強求。否則，現在很多年輕人在事與願違時，往往痛苦不已，甚至可能選擇自殺，做出非常不明智的選擇。無常四邊的這個道理，巴楚仁波切在《大圓滿前行》中有比較廣的剖析。大家若想深入瞭解，有空不妨一閱，這對你的人生乃至修行都會有利。

問：我感覺自己做事優柔寡斷，但讓勇猛心不斷增上的話，又擔心變得莽撞衝動、不計後果，給自他帶來一些負面影響，這該如何用智慧去辨別呢？

堪布答：我們做任何事情，首先都要用心觀察：「做它的後果怎麼樣？做的過程中會不會出現意想不到的違緣？……」現在好多人沒有這種概念，不管是辦企業、做事情，只看好的一面，對不好的一面，卻從來沒有心理準備。甚至有些人連想都不敢想，比如自己死了怎麼辦？突然生病怎麼辦？這些表面上看起來不吉祥，但卻是每個人必須要面對的，想逃避也是不可能的。

我們平時在處理問題時，不但會看事情的正面，對負面也考慮得比較多。這樣一來，提前若有最壞的打算，將來一旦事情真正發生了，到時也有面對的勇氣和能力。

因此，不論你做什麼事，首先詳細觀察很重要。藏地著名學者薩迦班智達根嘎嘉村也說：「智者愚者之差別，事後觀察即愚者。」一個有智慧的人，在事情發生之前，必定會冷靜分析：「我成辦這件事的後果如何？期間違緣大不大？用什麼途徑才能成功？最後的效益怎樣回饋社會？……」諸如此類的問題要先考慮清楚。有了這個前提之後，做事既不會優柔寡斷，也不會不計後果，而是會走中道。

問：相信很多人都看過《了凡四訓》，它告訴我們應該如何改變命運。我的問題就是：人有沒有命運？如果有的話，怎麼突破？

堪布答：命運是有的。關於改變命運的訣竅，顯宗和密宗的說法各有不同，《了凡四訓》中也講了很多。

其實，佛教並不是宿命論，不是說一切全是命中註定，半點都不能改；但也不是說所有的命運都可以改變。

就像世間的法律，如果你犯罪非常嚴重，必須要判死刑，那怎麼搞關係也無濟於事；但若沒有那麼嚴重的話，有些事情是可以商量的，還有一些緩和的餘地。佛教中講的命運也如此，有些命運通過你做善事，一定可以改變；而個別極為嚴重的惡業，果報必定要現前，做善事有一些緩減作用，但卻不能完全消除。

這個問題，在《俱舍論》的「分別業」這一品中，有非常細緻的描述，大家可以瞭解一下。

總之，按照佛教的觀點，命運是存在的，但並非一切都是命中註定，而且做善事是可以改變命運的。即使你必定要感受某些痛苦，做善事對它也絕對起作用。

後記：與智慧、慈悲、幸福同在

看完這本書，不知道你有什麼收穫沒有？

我在藏地潛心研究、精進修持佛法近三十年了，越深入瞭解佛法，越驚歎佛法的博大精深、包羅萬象。每次隨手翻開佛經論典，都會有令人驚喜的收穫。

佛陀抉擇萬法皆空的智慧、博愛一切眾生的慈悲，無時無刻不讓我深深感動。因此，我很想將它們與大家分享，於是也就有了這本書的由來。

當然，這本書的內容，不過是佛教典籍的滄海一粟。我只是從浩瀚無際的佛法大海中，擷取出幾朵浪花略表心意，望你能品味到它的甘美。

假如你依此而生起了智慧、善良、清淨的心，那在今後人生的潮起潮落中，就能把握住命運的風帆，定可「長風破浪會有時，直掛雲帆濟滄海」！

索達吉

二〇一二年五月三十日

國家圖書館出版品預行編目 (CIP) 資料

苦才是人生：索達吉堪布教你從痛苦中守住自己的內心 / 索達吉堪布著 . -- 二版 . -- 新北市：如果出版：大雁出版基地發行，2024.05
面；　公分

ISBN 978-626-7334-83-6(平裝)
1. 藏傳佛教 2. 佛教修持
226.965　　113005089

苦才是人生——索達吉堪布教你從痛苦中守住自己的內心

作　　者——索達吉堪布
封面設計——小山絵
責任編輯——張海靜
行銷業務——王綬晨、邱紹溢、劉文雅
行銷企劃——黃羿潔
副總編輯——張海靜
總 編 輯——王思迅
發 行 人——蘇拾平
出　　版——如果出版
發　　行——大雁出版基地
地　　址——231030 新北市新店區北新路三段 207-3 號 5 樓
電　　話——02-8913-1005
傳　　真——02-8913-1056
讀者傳真服務——02-8913-1056
讀者服務信箱 E-mail——andbooks@andbooks.com.tw
劃撥帳號——19983379
戶　　名——大雁文化事業股份有限公司
出版日期——2024 年 5 月 二版
定　　價——460 元
I S B N——978-626-7334-83-6

original title：苦才是人生 by 索達吉堪布
中文繁體字版由博集天卷授權出版

如果